传统文化中的

人脉经营

谢 普/编著

沈阳出版发行集团

沈阳出版社

图书在版编目(CIP)数据

传统文化中的人脉经营 / 谢普编著. -- 沈阳：沈
阳出版社, 2025. 5. -- ISBN 978-7-5716-4794-0

Ⅰ. C912.11

中国国家版本馆CIP数据核字第2025GY5028号

出版发行：沈阳出版发行集团|沈阳出版社
　　　　（地址：沈阳市沈河区南翰林路10号　邮编：110011）

网　　址：http://www.sycbs.com

印　　刷：北京一鑫印务有限责任公司

幅面尺寸：155mm×220mm

印　　张：10

字　　数：140千字

出版时间：2025年5月第1版

印刷时间：2025年5月第1次印刷

责任编辑：张　楠

封面设计：韩月朝

版式设计：李文琦

责任校对：张芳芳

责任监印：杨　旭

书　　号：ISBN 978-7-5716-4794-0

定　　价：49.00元

联系电话：024-24112447

E - mail：sy24112447@163.com

本书若有印装质量问题，影响阅读，请与出版社联系调换。

前 言

  会办事、办好事是一门学问。在这个纷繁复杂的社会中，面对着各种各样意想不到的事情和层出不穷的意外，我们究竟该怎么做才能处理好方方面面的关系，在办事时畅通无阻，把我们想要办的事情办得顺顺当当呢？为了让读者能够明晰会办事的重要性，掌握办事的技巧，领会为人处世的精神，我们从传统文化中汲取精髓，精心编撰了这本《传统文化中的人脉经营》，从办事的能力、办事的姿态、办事的礼节、办事的技巧、办事的绝招、办事的艺术、办事的精神品格等方面全面而详细地介绍了各种各样的办事手段和方法，并通过一些生动而有趣的案例解析了那些会办事的聪明人是如何利用巧妙的方法和过人的智慧最终达成自己的目的的。

  无数事实证明，很多与成功失之交臂的人，其实并不缺乏通向成功的智慧和勇气，而是缺少了办事的技巧，没有坚忍不拔、持之以恒的精神。而那些成就了一番事业的人也未必都是天生的强者，只是他们掌握了办事的艺术，修炼了强大的精神世界，才找到了通向成功的钥匙。

  读懂了这本《传统文化中的人脉经营》，你就可以在掌握办事艺术的基础上，领悟到许多为人处世的真谛，懂得真实诚恳、与人为善、互相帮助的生存智慧，从而使自己能在人际交往中展现出良好的精神品质，在职场和生活中成为一个人情练达、世事洞明、充满智慧、备受欢迎的人。

目　录

第三章　进退得宜

第四章　以柔克刚

第五章　洞察人心

第六章　迂回藏锋

第七章 　 果决行事

第一章

动心忍性

常持忍字免灾殃

原文：轻听发言，安知非人之谮诉？当忍耐三思；因事相争，安知非我之不是？需平心暗想。

——出自《朱子家训》

释义：听人说话，不考察他的用意，便相信他，怎知道他不是来说人的坏话呢？应当忍耐再三思考！因为某些事情起了口角，怎知不是我自己的不对？需要平心静气地自己反省！

忍人之所不能忍，方能为人所不能为。

2000多年前，孟子就曾说过："故天将降大任于是人也，必先苦其心志，劳其筋骨，饿其体肤，空乏其身，行拂乱其所为，所以动心忍性，曾益其所不能。"

我们在求人办事的过程中也应如此，不管别人是否已经尽力，都不要责怪他，应以宽厚仁爱的胸怀对待他。这样我们才能建立起好人缘，以后办事才会变得更容易。

荀子认为："君子贤而能容罢，知而能容愚，博而能容浅，粹而能容杂……"在生活中，我们时常都会遇到一些人说对不起自己的话或做对不起自己的事的情况。当别人对不起我们时，我们应当怎么办呢？是针锋相对，以怨报怨呢？还是宽大为怀，原谅别人呢？最好的办法应当是容之、理解之、原谅之，并以实际行动感化之。

有这样一个例子，说的是一个卖保险的业务员。有一天，他到一家餐厅拜访店主，店主一听来的是保险公司的人，笑脸倏地收了起来。

"保险这玩意儿，根本没用。为什么呢？因为必须等我死了以后才能领钱，这算什么呢？"店主气冲冲地说。

"我不会浪费您太多时间，您只要给我几分钟时间让我给您解释清楚就好了！"业务员笑着说。

"我现在很忙，如果你的时间太多，何不帮我洗洗碗盘呢？"

店主原是以开玩笑的口吻戏谑他，没想到年轻的业务员真的脱下了西装外套，卷起袖子开始洗碗盘了。他的这一举动，把一直站在旁边的老板娘吓了一跳，她大喊："你用不着来这一套，我们实在不需要保险！所以，不管你怎么说、怎么做，我们都是绝不会投保的，我看你还是别浪费时间和精力了！"

出人意料的是，业务员每天都来洗碗盘，但店主依旧是铁石心肠地告诉他："你再来几次也没用，你也用不着再洗了。如果你够聪明，趁早找别家吧！"

年轻的业务员每天都会遭到这位店主的奚落，但是他都忍住了，他依然天天到店里洗盘子，承受着老板一家人的刻薄言语。10 天、20 天、30 天过去了，到了第 40 天，这个讨厌保险的店主，终于被这个青年的耐心感动了，最后还心甘情愿地买了高额保险，不仅如此，店主还替这位年轻的保险业务员介绍了不少生意呢！

这些无疑都是由年轻的保险业务员的忍辱品质所成就的。如果他在听到店主那刻薄的话后便火冒三丈、甩手而去，也就不会获得后来那么多的保险业务了。

可是我们也知道忍辱并不是件容易的事。如果别人冤枉了你，你就会感到深受伤害，那你又该如何去忍让这个人呢？

首先，你应该从对方的立场看问题。这就是要求我们在处理问题时，尝试从对方的角度出发，理解对方的需求、感受和想法。这种方法有助于减少对立，增加相互理解和信任。其次，不要愤怒。愤怒会降低你的智慧，也不要恨别人，因为仇恨会使你丧失判断力。

所以，忍辱不仅是为了维护和保证你的尊严和价值，而且也是为了保护自己不受伤害，更是为了以后办起事来更加顺利。

放低自己的架子

原文：君子之道，辟如行远必自迩，辟如登高必自卑。

——出自《中庸》

释义：君子的中庸之道，就像是走路，一定要从近的地方开始；又像是登山，要从低的地方开始。

在求别人办事时，不论你地位多高，身份多尊贵，你都不应该端架子。因为是你在求别人，而不是别人求你，如果你还摆出一副高高在上的架势，那么谁都不会买你的账。

办事过程中，那些谦让而豁达的人总能获得成功。反之，那些妄自尊大、不肯放下自己架子的人必然会引起别人的反感，最终使自己处于孤立无援的境地。

当一个人取得一定成就时，如果这个人不能正确对待，他就会变得自满，并贪图安逸，最后使自己留下了千古遗憾。

我国著名小说《三国演义》中，有一个狂傲的典型人物——马谡。当街亭失守时，诸葛亮为什么要挥泪斩马谡？就是因为马谡太骄狂、太自傲、太自以为是，不听诸葛亮原来的安排，也不听其他人的忠言和劝告，结果失掉了街亭这一战略要地，影响了三国战争的形势，使蜀国处于了不利地位。

明末农民起义领袖、闯王李自成在起义前期能和官兵同甘共苦，身先士卒，礼贤下士，因而屡战屡胜。但随着起义队伍的壮大，功绩的显赫，闯王的骄傲情绪一天天滋长起来，开始贪图享受，拒听忠言，杀害进谏的忠臣，以致军心涣散，辉煌功业毁于一旦。李自成之所以失败，是因为骄傲、腐化，从而失去了人心。

所以老舍先生才这样说道："骄傲自满是我们的一座可怕的陷阱；而且，这个陷阱是我们自己亲手挖掘的。"要想在事业上取得成绩、在生活中受人欢迎，那么无论在什么时候，我们都不要过高估计自己、过低估计别人。

骄傲会使人变得盲目自信，甚至不思进取。凡是骄傲自满的人没有不失败的。人都有表现的欲望，即喜欢表现自己的长处，遮掩自己的短处，使自己看起来与别人不同，但如果这种欲望得不到控制，那么就会发展成骄傲。骄傲的人自我感觉良好，目中无人，不听取别人的意见和建议，最终必然会导致失败。

向不可能发起挑战

原文：天行健，君子以自强不息。

——出自《易经·乾》

释义：自然界运行刚健有力，周而复始，君子也应像自然界一样努力向上，永无休止。这句话原是用来解释乾卦的，后常被用来自勉与勉人。成语"自强不息"即由此而来。

下面的这个例子中主人公所表现出的向不可能发起挑战的心态是值得我们学习的。这一心态是决定办事能否获得成功的至关重要的因素。如果我们在做事时，也能像下面故事中的先人那样勇于向不可能发起挑战，那么还有什么事情是办不成的呢？

时代潮流涌动，往往是强者独立潮头，让我们欣羡不已。他们总是如此成功，难道有三头六臂吗？谁也没有三头六臂，但强者之所以成为强者，也总是有原因的。他们往往敢为别人所不敢为，具有一种"舍我其谁"的大气魄。凭借着这种气魄，他们敢于像钱塘江的弄潮儿一般，在浊浪排空的潮水中弄潮搏击，做第一个吃螃蟹的人。刘磊就是靠"为人不敢为"的生意而发财的。

2003年5月，伊拉克战争爆发了。刘磊通过电视新闻看到两条消息。一条消息说，伊拉克被美军占领后，抵抗组织频频向美军发起人肉炸弹袭击，导致大量美军士兵龟缩在军营而不敢外出；另一条消息则说，频繁的袭击导致美军伤亡率上升，美国军方为了稳定战区军心，决定大幅度提高驻伊拉克人员的战地补助。看到这里，刘磊突然想到：当地美军拿了高额补助却不能出门消费，若是我能到美军军营附近做生意，岂不是一个大好商机？

一开始，由于没有通行证，守卫绿区的美军士兵不允许他进去。但破釜沉舟的刘磊还是拿着印制精美的中餐菜谱，告诉门口荷枪实弹的美国兵他要在绿区开餐厅做中餐！美国兵一听顿时显得非常高兴，竟然为他破例了：放行！在请了颁发"绿区"通行证的格里菲斯上尉两次客后，刘磊拿到了"绿区"通行证。

在绿区开餐厅的成本并不高：巴格达市场上，美国产5升罐装的大豆油折合人民币价值是12元；越南产50公斤装的大米折合人民币价值是80元，其黑市价更是低得惊人，每罐煤气只要人民币1元5角；而绿区之内是美军的天下，伊拉克临时政府的"城管""工商"都不敢进去收费，甚至连水电费都免了！

在如此低廉的成本之下，刘磊做出的饭菜可一点儿也不便宜，一盘普通扬州炒饭的价钱是5美元——折合人民币40元，是国内的10倍！刘磊在"绿区"内没有竞争对手，中餐厅独此一家，所以他的生意想不好都难！就这样，火爆的生意让刘磊的月平均盈利达到了1万美元左右。

2004年4月，刘磊又发现了另一条生财途径，那就是卖酒。当时美军规定士兵不得饮酒，但美国士兵又特别喜欢喝酒。开始时他也不敢卖，后来经常有美国士兵向他买酒，还提醒说，如果卖酒，可以"get much money"。这是刘磊第二次听到这句话。于是，他去绿区外面的地下市场带酒进来，偷偷地卖给美国大兵。一瓶2美元的威士忌，在绿区他可以卖到10美元。光靠这一项每天就可以进账

4000 美元，利润高达 5 倍。

刘磊的餐厅外面有一个美军的直升机停机坪，每天都有美军的巡逻直升机停在那里，美国大兵一下飞机就提着两米长的炮弹箱跑进来大喊："我只有 10 分钟的休息时间，快点装酒，全部装满。"他们装满酒以后又赶紧盖上盖子，然后假装运炮弹，将酒运上直升机拉走了。一箱可以装几十瓶酒，刘磊卖到了 2000 多美元，有时每天都可以接待几趟直升机顾客，生意好得不得了。

到了 2005 年 3 月，伊拉克局势稳定，伊拉克临时政府开始全面接管政权，刘磊在巴格达绿区的餐厅这才结束了营业。他顺利回国，其餐厅的经营时间不过 1 年零 3 个月，赚得的美元折合人民币却有 308 万元。

刘磊的机遇可遇不可求，但值得我们借鉴和学习的却是他的这种弄潮的大气魄。一句俗语说得好，"人不胆大事不成"。很多时候，我们要想有所作为、成就一番大事，没有敢于跳进潮流中击水搏浪的气魄是不行的。

耐心才能办成事

原文：泰山之霤穿石，殚极之绠断干。

——出自《汉书·枚乘传》

释义：泰山上流下的水能够穿透石头，拉到尽头的井绳可以磨烂井梁。

办事时，无论遇到多么困难的事情都要有耐心，这是一种基本素质。

有一位先生是一家汽车轮胎公司的经理，有一次他在酒吧饮酒，无意中撞了一位喝得酩酊大醉的年轻人，结果这位年轻人借酒撒疯，对他大打出手。

事后，这位先生从店主那里了解到，那位青年发明了一种能增加轮胎强度的方法，而且申请到了专利。但他找了好几家生产汽车轮胎的厂商，请求他们购买他的专利，都碰了壁，而且被他们视为异想天开。所以，他感到怀才不遇，整日郁郁寡欢，就来这里借酒消愁。

当这位先生得知这些情况后，不但不介意这位青年对他的不恭，还决定聘请他来自己的公司做事。

一天早晨，他在工厂的门口等到了这位年轻人，但年轻人却心灰意冷，不愿向任何人谈起他的发明。他没有理睬这位先生，径直走进工厂干活去了。但是，这位先生一直等在工厂的大门口。

中午，工人都下班了，那位青年的踪影却不见了。有人告诉这位先生，那个青年人干的是计件工作，上下班没有固定的时间。

天气很冷，风也很大，但这位先生一直没有离去。就这样，他从早上8点一直等到了下午6点。后来那位青年走出厂门，他一见到这位先生，便爽快地答应了与这位先生的合作。

原来吃午饭时，那位青年出来看到这位先生在门口等待时，便转身回去了。但后来，当他知道这位先生一天不吃不喝，在寒风中等了近10个小时之久后，不禁有所动摇了。

当然，这位先生正是在求得了这位青年才俊后，才推出了新的汽车轮胎产品，并帮助他很快在竞争激烈的市场上站稳了脚跟。

这位先生以他的忍耐之心表达了他求才的殷切之情，并获得了那位青年的理解，从而使其答应了自己的请求。

人们在焦躁不安时，往往会变得粗鲁无礼、固执己见，使人感觉难以相处。这种行为是有害无益的，尤其是在求人办事的过程中。俗话说："心急吃不了热豆腐。"当一个人失去耐心时，也就失去了理智的头脑。

怎样使自己变得有耐心，在紧张的情况下也能心平气和，对情绪有所控制呢？你可以给自己提供一些心理暗示。

比如，如果你觉得自己现在异常急躁，就不妨对自己说"没什么可急躁的，平静下来"。同时，去想一些非常平静的画面或事情，将思绪带离现在的处境，你就会变得非常有耐心，当心态重新恢复了平静后，我们做事成功的把握也就多了几分。

要记住，急躁会使人失去判断力，容易给人一种不易接近的印象，当你丧失耐心时，你也会丧失了别人对你的支持。不要总是一副暴躁易怒的样子。暴躁易怒的人，朋友会越来越少。

保持平静的心态还有另一个诀窍，那就是幽默。充满幽默感，善于将尴尬转化为幽默的人不但聪明，而且招人喜爱。

有耐心的人向人展示的不仅是平静，还是一种修养。

所以，要想成功，你就要锻炼自己的耐心。

持之以恒，坚持到底

> **原文：** 锲而舍之，朽木不折；锲而不舍，金石可镂。
>
> ——出自《荀子·劝学》
>
> **释义：** 拿刀刻东西，中途停止，腐朽的木头也不能刻断；不停地刻下去，金石也能雕刻成功。

要办好一件事，很多时候都不是一帆风顺的，当我们在办事的过程中遇到挫折时，应该持之以恒，坚持到底。

办事的结果无非有两种，一种是成功，一种是失败。而那些善于把握时机的办事人员，在对待挫折时，都有着一种不屈不挠的精神，正是这种精神激励着他们努力尽责地做好每一件事并使他们最终获得了成功。

俗话说："精诚所至，金石为开。"坚持是办事成功的要素之一。当人们前进受阻、事情陷入僵局时，人们的直接反应通常是烦躁、愤怒，但这根本无助于事情的解决。在日常生活和工作中，个人与事业都不可避免地要遇到各种各样的挫折，我们去办事时，也会遇到许多阻碍。但如果我们对要实现的目标有着坚定的信仰和不断向前的决心时，我们便有了战胜逆境的信心。如果缺乏这种坚定的力量，挫折就会变成摧毁我们自我信念的工具，变成我们前行道路上不可逾越的难关。

跌倒后立刻站起来

原文：往者不可谏，来者犹可追。

——出自《论语·微子》

释义：过去的事情已经不可挽回，未来的事物还来得及。

办事之前你也许会这样想："如果我被拒绝了，该怎么办？"有很多人一旦遭人拒绝，就会唉声叹气或大骂对方混蛋。

面对挫折，不同的态度会带来不同的结果：当你遭人拒绝时就放弃努力，你得到的只能是失败；继续尝试，下定决心去获得成功，才是避免失败的最好办法。

对于那些自信且不介意暂时失败的人来说，没有所谓的失败；对于拥有百折不挠的意志的人来说，没有所谓的失败；对于别人放弃他却坚持，别人后退他却前进的人来说，没有所谓的失败；对于每次跌倒却立刻站起来，每次坠地反而像皮球那样跳得更高的人来说，没有所谓的失败。

历史上，吴越两国本为邻邦，吴国趁越国王允常新逝之际，发兵攻越结果大败而归，国王阖闾受伤而亡，从此两国结下了仇怨。其实，这种仇怨的实质并非什么国恨家仇，实则是双方都想吞并对方来扩大自己的领土，增加本国的势力。

阖闾死后，他的儿子夫差继位。为了替父报仇，他丝毫没有懈怠。经过两年的准备，吴王以伍子胥为大将，伯嚭为副将，倾国内全部精兵，经太湖向越国杀来，越国毫无抵挡之力，一战即败。勾践走投无路，后与吴国议和。

议和的条件是，让越王勾践和他的妻子到吴国来做奴仆，随行的还有大夫范蠡。吴王夫差让勾践夫妇到自己的父亲吴王阖闾的坟旁，为自己养马。

那是一座破烂的石屋，冬天如冰窟，夏天似蒸笼。勾践夫妇和大夫范蠡一直在这里生活了 3 年。除了每天一身土两手马粪之外，夫差出门坐车时勾践还得在前面为他拉马。每当从人群中走过的时候，就会有人喊喊喳喳地讥笑："看，那个牵马的就是越国国王！"

这实在是太让人难以忍受了，勾践由一国之君变成奴仆，为人养马备受奴役，而他之所以会强忍着这一切的屈辱，为的就是日后的崛起。勾践的性格高明之处就在这里：面对一切屈辱依然从容自若。因为他非常明白，面对目前的情况只有保持忍辱，才有日后东山再起的可能，如果不忍，不要说东山再起，恐怕连命都保不住。这似乎与中国传统的大英雄，大丈夫"宁为玉碎不为瓦全""士可杀不可辱"的传统有些背离。因为这些都是对那些宁死不屈、誓死不降的英雄们的赞语，其大无畏的气概固然让人赞叹，但中国还有一句教人处世的俗语是："留得青山在，不怕没柴烧。"后来的那位顶天立地的西楚霸王项羽就给我们留下了很多的深思。乌江岸边，乌江亭长热情地招呼他："江东虽小，足可够大王称王称霸，日后也能干一番大事业。"而项羽是个宁折不弯的汉子，哪肯过江呢？他悲愤拔剑自刎身亡。也许项羽过江后楚汉相争会是另一番结果，也许他能一统天下……虽然这些都是也许，可从另一角度看，项羽不妨屈尊一忍，以便重新崛起。后来有一个绝好的机会为勾践回国创造了条件。吴王病了，勾践为表忠心，在伯嚭的引导下，去探视吴王。正值吴王出恭之际，勾践尝了尝吴王的粪便后，便恭喜吴王，说他的病不久将会痊愈。这件事在吴王决定放留勾践一事的态度上起了决定性作用。或许是勾践真的懂得医道并通过察言观色能看出吴王的病快好了；或许是勾践有意恭维吴王；或许是上天垂青勾践。总之，吴王的病真的好了，勾践此时已彻底取得了吴王的信任，吴王见勾践真的顺从了自己就把他放了。

著名心理学家詹姆斯有一段名言，希望你每天清晨都诵读一遍："年轻人不必烦恼自己所受的教育毫无用处，不论你做什么事业，只要你忠于工作，每天都忙到累了为止，总有一天清晨醒来，你会发现自己是全世界能力最强的人。"

在办事的过程中，如果我们拥有了永不言败的毅力，那么一切事情都会迎刃而解。

胆识是一种办事的能力

原文：诚既勇兮又以武，终刚强兮不可凌。

——出自《九歌·国殇》

释义：确实是勇敢又富有战斗力，始终如此刚强，以至于没人能够侵犯。

办事并不依靠凭空而起的想法，只想想就可以了，它需要你脚踏实地地去做。因此，要想办成一件事，对于一般人来说，也许不是很容易的，因为除了真正的使命感之外，你还需拥有胆识。我们常常将胆识与勇敢联系在一起，尽管两者之间有着密切的联系，但勇敢可能更多地表现为人们处于危险境地时自然产生的非同寻常的状态。这种勇敢在我们的生活中可能是永远都需要我们通过实践加以验明的东西；相反，胆识则是我们人人具有、每天都要用到的一种品质，认识到这一点并付诸行动，我们就能在办事方面有很大的进步。

毫无疑问，胆识是一种能力，它能帮助我们去做一些我们原因不明的、在本能上感到害怕的事情，这些事情可能是我们每天都会经历的。比如，害怕被人嘲笑，害怕失败，害怕意想不到的变化，或是其他的使我们内心想要退缩的事情。如此一来，尽管我们得到的不是我们内心期待的东西，但它至少是令我们感到舒适并为我们所熟悉的事物。

然而，当我们对周围的一切熟视无睹时，周围的一切却在发生着飞速的变化。我们越来越感到自己不合时宜，这进一步强化了挫败感，使我们心甘情愿地任凭事情自由发展。只有我们充满自信和激情，并总结经验战胜恐惧时，成功才会实现。

为了实现目标，我们常常要借助自己的胆识去处理我们面对的问题，要无所畏惧，并从失败中吸取教训。开展业务、开垦处女地，或是单纯地学习一项新的技术，都需要我们具备胆识，而胆识来自坚定的信念。

办事高手应该了解，生活中要战胜的恐惧主要是对失败本身的恐惧。失败既然已经发生，就要从中吸取教训，失败一次并不能说明你总是会走向失败。

我们必须懂得，失败是进步曲线的一个组成部分：失败只是意味着我们做得不对，无论我们做的是什么事。参考一下成功的推销员，高销售额的推销员的一个共同之处是，只有在和顾客有了六七次接触之后，他们才开始与人约见并卖出产品；这些推销员并不是什么幸运者，他们只是具备了充分的信心和胆识，战胜了被人拒绝的恐惧心理。

如何发现自己的胆识？答案很简单：一心致力于自己的目标，把每一次失败都看成成功的一个组成部分。

克服阻碍成功的心理障碍

原文：古之立大事者，不惟有超世之才，亦必有坚忍不拔之志。

——出自《晁错论》

释义：自古以来能够成就伟大功绩的人，不仅要有超凡出众的才能，也要有坚忍不拔的意志。

心理障碍对一个人工作、生活的影响都是极其不利的，在办事的过程中也是如此。所以，我们要想将事情办成功，就要努力克服这个困难。

每个人都有能力发展自己并取得更大的成功，不幸的是人们在开发自己的潜能、取得成功的过程中常会遇到一种心理障碍，这就是所谓的"约拿情结"。约拿是《圣经》中的人物，上帝给了他机会，他却退缩了。这是个怀疑甚至害怕自己的能力达到一定的高度，内心软弱到甘愿回避成功的典型。

回避成功的心理障碍，主要有意识障碍、意志障碍、情感障碍和个性障碍等。

1. 意识障碍

所谓意识障碍，是指由于人脑歪曲或错误地反映了外部现实世界，从而减弱了人脑的辨认能力和反应能力，影响人们对客观事物的正确认识，进而影响了人在事业上的成功的心理障碍。主要表现为：

（1）"自卑型"心理障碍：自认为智力水平低，或家庭、社会条件不如人等。

（2）"闭锁型"心理障碍：不愿表现自己，把自我体验封闭在心中，因而使主体缺乏自我开发的积极性。

（3）"厌倦型"心理障碍：是一种厌恶一切、对什么都不感兴趣或感觉无能为力的心理状态。

（4）"习惯型"心理障碍：习惯是由于重复或练习巩固下来的并变成需求的行为方式，习惯形成的原因一是自身养成，二是传统影响。

（5）"志向模糊型"心理障碍：是指对将来干什么、成为何种人才的理想不明确，因此使主体不能有目的地进行自我能力开发。

（6）"价值观念异变型"心理障碍：是指对作用于人的客观事物的价值量进行了错误的心理评估，形成了一种畸形的价值观，突出表现为贬低自己目前所从事的职业，因而不能结合工作开发自身潜能。

2. 意志障碍

所谓意志障碍，是指人们在自我能力开发即确定方向、执行决定、实现目标的过程中起阻碍作用的各种非专注性、非持恒性、非自制性等不正常的意志心理状态。主要表现为：

（1）"意志暗示型"心理障碍：是指在制定和执行目标时，主体易受外界社会风潮和他人意向的直接或间接影响，从而产生的一种摇摆不定的心理状态。比如，"三天打鱼，两天晒网"。

（2）"意志脆弱型"心理障碍：表现为主体没有勇气去征服在实现自身目标道路上的困难，只是被动地改变或放弃了自己的长期目标。

（3）"怯懦型"心理障碍：这种人过于谨慎、小心翼翼，常多虑、犹豫不决，稍有挫折就退缩，因而影响了自我开发。

3. 情感障碍

所谓情感障碍，是指人们在自我能力的开发过程中，对客观事物所持态度方面的不正确的内心体验。主要表现为情感麻木，即人们情感发生的阈限超过常态的一种变态情感。所谓情感阈限，就是引起感情的外界客观事物的最小刺激量。麻木情感的产生主要是由于主体长期遇到各种困难，受到各种打击，自己又不能正确地对待和加以克服，以致内心体验阈限增高而形成的一种内向封闭性的心理态势。它会使人丧失与外界交往的热情和对理想及事业的追求。

4. 个性障碍

所谓个性障碍，是指人们在自我开发中常常出现的气质障碍和性格障碍。

5.其他障碍

除了意识障碍、意志障碍、情感障碍和个性障碍外，还有其他几种影响智力开发的心理障碍。包括感觉加工中的心理错觉、知觉中的错觉和偏见、思维定式的障碍等，这些心理障碍形成的原因主要源于认识上的主观片面性、表面性，以及思想僵化等。这些和回避成功、害怕成功的心理障碍是两种性质不同的心理障碍，但同样会对人的事业产生巨大影响，特别是当这些心理障碍一齐发作时，会形成一种强大的负效应，导致一个人事业的失败。

上述这些心理障碍还会使人对社会产生恐惧，这种心态对办事非常不利。

社交恐惧，简单地说，就是人在社交场合，怕被别人注意或稍有差错就产生极度恐惧的情绪。据专家调查发现，社交恐惧症是最常见的神经紧张和功能失调的病症，它是一种对自身难堪或出丑表现的强烈反应和令人身心疲惫的恐惧感。拥有这种症状的人害怕在公共场合讲话，不愿意接触人，不愿意与人共事。

当你发现自己存在社交恐惧时就应该及时克服，下面的几种方法不妨一试。

1.平衡心理，主动出击

社交恐惧出现的根源是害怕自己在人际交往中出现棘手、无法应付的情况，让自己难堪、出丑。当一个人认为外界充满不确定时，就会出现恐惧心理。与其害怕不如主动面对。因此，不妨主动寻求外界的刺激，以提高自身的心理素质和解决问题的能力。要迈出第一步，也就是一个勇气的问题。当你迈出第一步以后，你会发现你所恐惧的事情其实根本不存在。

2. 给自己松绑

社交过程中不要"背包袱"，要学会轻松、坦然地面对一切。

要忘掉自我。有社交恐惧的人都过分注意自我：我这样说话好不好？我的衣着打扮是否得体？满脑子转着这样的念头，结果越想越紧张，越紧张越拘谨，如不及时摆脱这种窘境，势必导致社交失败。如果换一个角度想：眼前的交往对象未必比自己高明，或许他也感到羞怯和害怕呢！在这种情况下，我们就能够变得泰然自若、镇定沉着，而精神上的忘我和放松一旦形成，也就没有那么多的顾忌了。

（1）不否定自己，不断地鼓励自己："我是最好的""天生我材必有用"。

（2）不苛求自己，能做到什么地步就做到什么地步，只要尽力了，不成功也没关系；不回忆不愉快的过去，过去的就让它过去，没有什么比现在更重要的了。

（3）每天给自己10分钟的思考时间，只有不断反省才能不断面对新的问题和挑战。

（4）找个可信赖的人说出自己的烦恼。他可能无法帮你解决问题，但至少可以让你借助谈话这个空间发泄一下情绪。

很明显，有些人办事总是差强人意，这并不意味着他智力不够，很大程度上是因为他没有克服自己心理上的弱点。因此，我们只有不断向自己发起挑战，认真克服以上心理障碍，才能取得成功。

正确地认识自己

> **原文：** 知人者智，自知者明。
>
> ——出自《道德经》
>
> **释义：** 能了解、认识别人叫作智慧，能认识、了解自己才是真正的圣明。

正确地认识自己，给自己定位好，才能把事情办好。那些不能正确地给自己定位的人，即使很努力，最终结果也往往是令人失望的。

人生最大的难题莫过于认知你自己！许多人谈论某位企业家、某位世界冠军、某位著名电影明星时，总是赞不绝口，可是一联想到自己，便是一声长叹："我不是成材的料！"他们认为自己没有出息，不会有出人头地的机会，理由是："生来比别人笨""没有高级文凭""没有好的运气""缺乏可依赖的社会关系""没有资金"等。而要想获得成功就必须能正确认识自己，坚信"天生我材必有用"。

严重的自卑感不仅会扼杀一个人的聪明才智，还会形成恶性循环：由于自卑感严重，人们变得不敢干、没有魄力，这样就会无所作为或作为不大；旁人会因此说你无能，这些议论又会加重你的自卑感。因此，必须从一开始就打败它，丢掉自卑感，大胆干起来。

谦虚是一种美德，但是有时候缺点往往是优点的过分延伸。过于谦虚，如由于自卑而过于谦虚，都是不应该的。自信，可以使你精神振奋、勇于进取、战胜困难。所以，必须积极寻找自我解脱之路，走出自卑的心理误区。

正确认识自己，充分挖掘自己的潜力，这是获得成功的一个主要心理条件。

大多数的成功者会表现出一种对现实的自我觉察，他们承认每个人都是一个独立的个体。他们不仅能觉察到周围事物的细微变化，更能觉察到由于遗传和环境给自己造成的不良影响，可以借助"镜子"看到自己脑袋后面的东西，了解别人是如何看待自己的。

现实中的自我觉察能使我们了解自己是什么样的人，了解自己在现实生活中所扮演的角色、潜在能力和将来要去承担的角色以及要达到的目标。他们凭借着洞察力、反馈信息能力、判断能力不断学习和深入了解自己。他们在生活中时常开动脑筋，以避免错误发生。他们主张真诚待人、真诚处世，他们不欺骗别人，更不欺骗自己。

作为一个正常人，对自己的身体外观、品德和才能、优点和缺点、过往和现状以及自己的价值和责任，总会有一定的认识。然而，在日常生活中，我们却常被各种不同的评价和议论包围，有人会赞许你、称颂你；有人会批评你、责备你；甚至还会有人轻视你。于是"当局者迷"就成了一种很贴切的形容。那么在各种议论中，究竟哪一个"你"才是真实的呢？面对那些投向你的形形色色的目光，你自己又能否实现准确无误地分辨？你是否能从这些评价和议论中汲取营养丰富自己、改善自己呢？还是丧失了自主精神，淹没在他人的议论中呢？

客观地、正确地认识自己是至关重要的，下面几点建议会有助于你发现和正确认识自己。

1. 孤独地面对自己

也许你会因受成功的诱惑而硬着头皮变得精明强干，纵横商场、职场，挣得汽车洋房、踌躇满志；但如果换一种生活，如进图书馆做学者，这种宁静深沉的生活说不定会更让你心满意足……在纷繁复杂的社会生活中，我们没有时间，也没有机会给真我一个表现的时间。那么，你不妨给自己放个假，让自己隐退，在独处的空间里直面自己，没有上司、没有工作、没有应酬，看看自己的状态。

2. 试着改变某些习惯

每个人都有很多或好或坏的习惯，这些习惯说不定正是抹杀你真实个性的罪魁祸首。比如，你可能经常待在家里看电视，以打发你的无聊时光；你可能习惯于用打麻将的方法排遣孤独；你可能习惯在忧闷之时把自己关在家里；等等。这些习惯很多并不是你自己的最佳选择，而仅仅是因为习惯使然。如果你要发现真正的自己，不妨打破这些习惯，发展更多的爱好，以挖掘自己的个性。冲破习惯的牢笼，你会发现另有一个自我存在于你的心中。

3. 不过分压抑自己

人生不如意事十有八九，生活在现代社会的人也一定有很多不如意之处。在不如意时，不过分压抑自己，有时会有助于发展自己的个性。

比如，我们有时可能会为了让工作取得最佳效果，一改平日温顺屈从的性格而与上司据理力争，并因此对自己的行为极为满意，那么，你会发现，温顺并不是你的真实个性，你其实具有一定的抗争能力、相当强烈的斗争精神，并富有魅力。如果你能时时保持这种状态，你将一改温顺屈从的个性，而成为一个精明强干、有魄力的人。在这种状态下，你会更加愉快和坦然。

个性是需要发现和发展的，每个人本身具有非常强的个性特质，我们要尽可能地挖掘它、发展它、丰富它，使自己成为一个魅力四射的人。如此一来，就会使办事的过程变得顺利无比。

不以物喜，不以己悲

原文：君子和而不流，强哉矫。

——出自《中庸》

释义：品德高尚的人待人和气而不随波逐流，这才是真正刚强的表现啊！

有时我们心生烦恼纯粹是因为太在乎别人的评价。我们总是把别人的意见看得比自己的意见更为重要，反而使别人的赞许和批评变成了一种对自我支配的强大力量。比如，别人认为我们能办得了某件事情时，我们会变得非常自信，而当别人摇摇头说我们办不了某件事情时，我们也会很轻易地放弃，不敢再去尝试。但是，如果自己完全听从别人的看法，那么一旦失去别人的赞许而只剩下批评时，我们便会感到无所适从。

其实，别人的评价并不重要，重要的是你对自己的态度和评价。

虽然有些人也很清楚这个道理，但有时会因为很多原因，使自己还是会被别人的评价所影响。那怎样才能不受别人评价的影响呢？下面是一些建议：

1. 将别人的思想、言论和行为与自我价值分开

别人的评价，只能代表别人对事物的看法，并不是神圣不可改变的真理。你认为可以听的就听，认为可以不听的就可以不听。

2. 不理睬那些企图支配你的人

面对那些企图支配你的人，你可以对自己说："他的意见与我毫不相干。"这样你就不必依照别人的意见来确定自己的价值，也不必解释和反驳了。

3. 理解存在于生活，不理解也存在于生活

你的许多做法，别人可能不理解，这没关系。理解是需要时间的。何况，因为思想、环境、修养的不同，别人哪能完全理解你呢？如果你在做每件事时，都要等待别人的理解，那你一生能做几件事？况且，周围的许多人和事，你不是也不理解吗？可他们仍然存在着，并没因为你的不理解而停止或改变。总之，人们并不需要理解一切，也不可能理解一切。

4. 从购置衣物开始，拥有自己的判断

因为衣服是要穿在你自己的身上，而不是穿在别人身上。别人的选择只代表他的爱好和审美，并不能代表你。再说，如果你穿上了与你的气质不相符的衣物，还会给你带来不良效果，这不仅会让大家感到滑稽可笑，也会使你难堪，从而深深地陷入苦恼之中。

5. 不迷信权威，不盲目崇拜

迷信权威、盲目崇拜，是缺乏自信的表现。过分迷信权威的评

判很容易使自己丧失自信心。

6. 别怕挨骂

要想不为别人的评论所左右，就要做好挨骂的准备。当你没有理睬别人的评判时，很有可能会被别人贴上"狂妄""自大""目中无人"的标签，这很正常。评判你的人一般都希望你能采纳他的意见。我们采取不理睬的态度而招来他人的非议也是正常现象，一笑置之即可。

7. 不要怕被孤立

不是有句话这样说吗："真理往往掌握在少数人手中。"不要以认可自己行为的人数的多少来确定自己行为的正确与否。只要你坚信自己是对的，不论支持你的是多数人还是少数人，都应坚持下去。

总之，这些都要从平时做起，一点点地积累、沉淀。如果你能完全克服这一缺点，对办事是大有好处的。

适时吃点"眼前亏"才不会在以后吃大亏

原文：满者损之机，亏者盈之渐。

——出自《吃亏是福》

释义：人的所得一旦达到丰盈充足时，就是他要开始耗损的时候了；而当一个人变得欠缺不足时，他就会渐渐充裕起来。

会来事的人都是多一个"心眼"的人。环境所迫时，他们会适当地吃点"眼前亏"。因为他们知道，如果不这样做，可能要吃更大的亏。

一天，狮子建议 9 只野狗同它一起合作猎食。它们打了一整天的猎，一共逮到了 10 只羚羊。狮子说："我们得去找个英明的人，来给我们分配这顿美餐。"

一只野狗说："各分一只就很公平。"狮子很生气，立即把它打昏在地。

其他野狗都吓坏了，其中一只野狗鼓足勇气对狮子说："不！不！我的兄弟说错了。如果我们给您 9 只羚羊，那您和羚羊加起来就是 10 只，而我们加上一只羚羊也是 10 只，这样我们就都是 10 只了。"

狮子满意了，说道："你是怎么想出这个分配妙法的？"野狗答道："当您冲我的兄弟发怒，把它打昏时，我就立刻增长了这点儿智慧。"

有一句老话说，"好汉不吃眼前亏"。可是寓言中说的则是好汉要懂得在不利于自己的形势下吃点亏。

一个人实力微弱、处境困难的时候，也就是最容易受到打击和欺侮的时候。在这种情况下，人们的抗争力最差，如果能避开"大劫"就算很幸运了。假如此时遇到了他人过分的对待，最好是"退一步海阔天空"，先吃一点眼前亏，立足于"留得青山在，不怕没柴烧"的人生哲学，卧薪尝胆，伺机而动。

汉朝开国名将韩信是"好汉吃得眼前亏"的最佳典型。乡里恶少要求韩信爬过他的胯下，韩信二话不说就爬了。如果不爬呢？韩信怒杀恶少，也得入狱偿命，哪来的日后统领雄兵，叱咤风云？他吃点亏，为的就是保住有用之躯，留得青山在，不怕没柴烧！

所以，会来事的人在人性的丛林中遭遇对自己不利的环境时，不会逞一时之勇，宁可吃点眼前亏。

第二章

行止有礼

礼貌用语不可少

原文： 不学礼，无以立。

——出自《论语·季氏篇》

释义： 礼是立身之本，不学礼就不懂得怎样立身。

交谈中应将礼貌用语时时挂在嘴边。"请""您好""谢谢""对不起""再见"是社会提倡的文明交往用语，无论遇到什么情况，用语文明礼貌，应成为我们的习惯。以下是我们应该了解的礼貌用语基本知识。

1. 敬语

称呼长辈或上级可以用老同志、老首长、老领导、老先生，大叔、大娘、叔叔、伯伯等。称呼平辈可以用兄、姐、先生、女士、小姐等。

询问对方姓名可用贵姓、尊姓大名、芳名（对女性）等。

询问对方年龄可用高寿（对老人）、贵庚、芳龄（对女性，但一般情况下不宜问）等。

在日常生活中，敬语还有一些习惯用语。如初次见面说"久仰"，很久不见说"久违"，祝贺喜事说"恭喜"，请人批评说"指教"，请人原谅说"包涵"，求人解惑说"赐教"，托人办事说"拜托"，等待客人说"恭候"，看望别人说"拜访"，宾客到了说"光临"，陪伴客人说"奉陪"，中途先走说"失陪"，求给方便说"借光"，请人勿送说"留步"，两人告别说"再见"。

敬语中，"请"字功能很强，能量较大，是语言礼仪中最常用的敬语，如"请""请坐""请进""请喝茶""请就位""请慢用"等。"请"字可促进人际关系的顺利发展，推动交往的顺利进行。

2. 馈赠时的礼貌用语

受人之赐说：谢谢、感谢、破费、费心、拜谢。

回敬时说：不谢、不客气、应该的、笑纳、不成敬意、惠存。

受人之恩说：雨露之恩。

谢人恩泽说：河润。

谢人帮助说：有劳、劳驾、多谢。

感谢救命之恩说：再造、再生父母、没齿不忘。

感德难忘说：铭刻在心、永世难忘。

3. 祝贺时的礼貌用语

贺人荣归说：锦旋、凯旋、衣锦还乡、荣归故里。

贺人中榜说：蟾宫折桂、金榜题名、榜上有名。

贺人生日说：初度之辰、福如东海、寿比南山、大寿、寿诞、华诞、芳辰。

4. 谦辞

称自己：鄙人、在下、本人、愚兄、小弟、晚生。

称自己父亲：家父、家严。

称自己母亲：家母、家慈。

称自己兄弟：家兄、家弟、舍弟。

称自己儿子：小儿、犬儿、犬子。

称自己女儿：小女。

称自己丈夫：外子。

称自己妻子：内人、内子、拙荆。

称自己的家：寒舍。

言行失误说：很抱歉、对不起、失礼了、不好意思。

请求别人谅解说：请原谅、请包涵。

5. 雅称

胖：富态、丰满、丰腴、发福。

瘦：苗条、纤细、清秀。

高：高挑、颀长、高大。

矮：小巧玲珑、短小精悍。

生病：欠安、贵恙。

死：仙逝、去世、辞世。

手势语和表情语礼仪规范

原文：礼仪之始，在于正容体，齐颜色，顺辞令。

——出自《礼记·冠义》

释义：礼仪的产生，在于行为举止得体，态度端庄，言辞恭顺。

人们在交流过程中，除了使用语言符号外，还会使用非语言符号。非语言符号是相对语言符号而言的。其中包括手势语、体态语、空间语及相貌服饰语等。这里，我们介绍一下手势语和表情语的礼仪。

1. 手势语的礼仪

手势是一种动态语，要求人们运用恰当。如在给客人指引方向时，要把手臂伸直，手指自然并拢，手掌向上，以肘关节为轴，指示目标。

OK 手势：用大拇指和食指捏成一个圆圈，在美国表示"同意""了不起""顺利"或"赞扬"等意思；在日本、韩国还表示"金钱"的意思；在巴西则为侮辱人之意。

举大拇指的手势：在美国、英国、澳大利亚和新西兰，这种手势包含 3 种含义：搭便车；表示 OK；如果将拇指用力挺直，会有骂人的意思。

V 手势：这种手势使用时手掌向外。现在人们普遍用来表示"胜利"（Victory）。但如使用时手掌向内，就变成侮辱人下贱的意思了。

"右手握拳，伸直食指"手势：在中国表示"一"或"一次"，或是提醒对方"注意"之意；在日本、韩国、菲律宾等国，则表示"只有一次"；在法国是"提出问题"的意思；在缅甸有"拜托"的意思；在澳大利亚的酒吧、饭店向上伸出手指则是示意"请再来一杯啤酒"的意思。

注意不要在社交场合做一些不合礼仪的手势、动作，否则会给人造成蔑视对方、没有教养的印象，从而影响彼此的交流。

2. 表情语的礼仪

面部表情是人体表情最为丰富的部分，它可以表达人们的内心思想感情，可以表达人的喜怒哀乐，对人们所说的话起解释、澄清、纠正或强调的作用。眼睛是心灵的窗户，人们在社交活动中观察着他人的种种反应；此外，面部表情中最明显的是笑，为显示你应有的礼仪，在平时的社交中你应多多开展"微笑外交"。

电梯与乘车礼仪虽小，亦要重视

原文：君子以仁存心，以礼存心。仁者爱人，有礼者敬人。

——出自《孟子·离娄下》

释义：君子内心所怀的念头是仁，是礼。仁爱的人爱别人，礼让的人尊敬别人。

高层办公场所常配有电梯，出入电梯礼仪虽小，亦要倍加重视：

出入有人控制的电梯，让客人先进先出，陪同者应后进后出，把选择方向的权利让给地位高的人或客人。

当然，如果客人初次光临，对地形不熟悉，你还是应该为他们指引方向。

出入无人控制的电梯时，陪同人员应先进后出并控制好开关。

酒店电梯设定程序一般是30秒或者45秒，时间一到，电梯门就会自动关闭。如果陪同的客人较多就会导致后面的客人来不及进电梯，所以陪同人员应先进电梯，控制好开关，让电梯门保持较长的开启时间，避免给客人造成不便。

如果有个别客人动作缓慢，影响了其他客人，我们在公共场合不应高声喧哗，可以利用电梯的唤铃功能来提醒客人。

和上司或客人一起乘车时，座位的安排是一项重要的乘车礼仪：

如果乘坐的是前后两排4个座位的轿车，一般司机侧后靠门的座位是上座，是主宾的位置。司机正后面的座位次之，是主要陪同人员的座位。司机旁边的位置是最低级的座位，一般是由秘书、向导或警卫人员来坐。上车时，应请上司或客人从右侧门上车；陪同者要从左侧门上车，避免从客人座前穿过。如果上司或客人先上车，坐到了陪同人员的位置上，也没有必要请上司或客人挪动位置。车门应由低位者关上。下车时最低位者先下车，并打开车门等候其他人下车。

与女生一起乘车时，不论她的职位高低，一律先让女性上车，男性坐在她的左边。如果是由主人亲自驾车，客人要坐在司机旁边的位置上，以表示对主人的尊重。上下车的正确姿势是人要侧着身体向前移动，下车时靠近车门后，再从容下车。

准时出席是必须遵守的会议礼仪

原文：人而无信，不知其可也。

——出自《论语·为政》

释义：一个人如果不讲信用，真不知道他是否可以做成事。

35

不管是参加自己单位的会议还是其他单位的会议，一定要准时出席会议，这是必须遵守的会议礼仪。参加会议时最好是提前5分钟进入会场。在一些如高层聚会这样的场合，稍有不慎，便会损害自己和单位的形象。

作为职场人，我们在公司里，一定要树立起顾全企业大局的意识。除了开公司和部门内部的会议，职场人也会去参加公司以外的一些会议，因此，在参加会议之前，我们要做好准备。

开会前，如果你临时有事不能出席，必须提前通知对方。参加会议前要准备好参加会议所需的资料。

开会时，如果让你发言，你的发言应简明扼要。在其他人发言时，如果有疑问，我们要通过适当的方式提出来。在别人发言时，不要随便插话，破坏会议的气氛。开会时不要说悄悄话和打瞌睡，没有特别的情况不要中途退席，即使要退席，也要征得主持人的同意。要利用参加会议的机会，与各方面加强沟通，建立良好的人际关系。

在工作中，你可能经常要被派去参加会议的筹备活动，所以，也要了解一些筹备会议的要点：准备好参会人员名录，确认对方是否会参会；带领客人进入会场入座时，如果没有确定座位，就让参会者从最里面坐起；整理、分发会议资料，准备好黑板、粉笔等会议用品；看参会者是否有私人物品（如大衣、帽子等）需要保管，准备好饮料及水果；如果会议中途外面有人来找人，用纸条或耳语通知当事人；会议中途，不能缺席，如果自己有事走开，要请人替代。

职场中的每一个人都要遵守会议中的礼仪，具体表现为：

如果有工作装，应该穿工作装。我们应比规定开会时间早5分钟左右到会场，而不要等到已经开会了，才不紧不慢地走进会场，给别人造成不良影响。

开会期间，我们应该认真听讲。开会也是工作的一部分，认真听讲不仅体现了你的工作态度，也是对发言者的尊重。那种趴着、倚靠、打哈欠、胡乱涂画、低头睡觉、接打电话、来回走动以及和邻座交头接耳的行为，都是非常不礼貌的。

在每个人发言结束时，我们应该鼓掌以示对他讲话的肯定和支持。

无事也要常登"三宝殿"

原文：有朋自远方来，不亦乐乎？

——出自《论语·学而》

释义：有志同道合的朋友从远方来，不也是一件快乐的事情吗？

中国人常说"无事不登三宝殿"，意思就是登门拜访必然有事相求。会办事的人，常常无事也登"三宝殿"，平时常用电话、微信加强联系，让别人知道他们在自己心中占有一席之地。如果非到有事时才求人，那么未免惹人反感。

我们可以在有空时常到同事家坐坐、聊聊天，这是非常有必要的，但应注意分寸，太不拘小节容易引起主人反感，要做就要做一个受欢迎的客人。

有预约的拜访要严守时间，要知道浪费别人的时间等于谋财害命；有预约的拜访不能准时赴约，要提前打电话通知对方，即使责任不在自己，也要道歉。

主人向自己介绍新朋友时，一定要站起来，以示尊重，同时一定要在第一次介绍中记住对方的姓名，免得谈话时不好称呼。对一些陌生的长辈或领导，要主动站起来，先自我介绍，让对方了解自己。介绍自己要亲切有礼，态度要谦虚，不要自我吹嘘。如果在单位担任的是领导职务，也只应介绍自己的所在单位，而不要介绍职务，如果对某项事物有研究，我们说说对它的爱好足矣。

在同事家做客，不能大大咧咧地径直坐到席上，应等主人邀请后；等人时，不要左顾右盼；主人奉茶之后，应先搁下来，在谈话之间啜之最为礼貌。

不做"不速之客"。去串门时，我们首先要选择适当的时间，探访前先要和被访的同事约好时间，了解对方是否在家、是否方便打扰，免得对方有急事无暇接待。同时最好避开吃饭时间和午睡时间。离开时不要过晚，以免影响主人休息。

在进同事家门之前，要先看看鞋底是否带泥。如果带泥需要在擦拭之后再敲门进去。雨具、外衣等要放到主人指定的地方。如果主人较自己年长，那么主人没坐下，自己不宜先坐下。自己的交通工具如自行车要锁好，并放在不影响交通的地方，如果放的位置不好或忘锁被盗，不仅自己会受损失，也会给主人带来麻烦。

如果要抽烟，一定要征得主人特别是女主人的同意，因为吸烟会危害他人健康；如果主人家未设置烟灰缸，多半主人是忌烟的。

提前预约很重要

原文：诚者，天之道也；思诚者，人之道也。

——出自《孟子·离娄上》

释义：诚信是天赋予人的本性，追求诚信是做人的基本准则。

拜访作为一种很重要的交往方式，是十分讲究的。没有人喜欢"天兵天将"式的突然造访，因此，在拜访之前，要先和主人打好招呼，虽然这已经是常识，但在繁忙的现代生活中，提前预约常常会被人忽视。

现代人对于时间的安排，已经到了分秒必争的地步。短短的5分钟、10分钟，对你来说也许不算什么，却可能给对方造成严重的困扰，如会造成工作中断等问题。

在时间安排方面，应尽量配合对方。原则上，如果对方的地位高，而且工作忙碌，应提早联络约定拜访的时间。不过相应的，约得越早，其间发生变卦的可能性就越大，因此，要把握好预约时间。

当你以公司员工的身份前往别的公司拜访时，你所代表的不只是自己，而是整个公司的形象。因此，你的言行举止必须得体，否则就会损害公司形象，在这个过程中需要我们注意以下几点：

首先是在拜访之前，我们必须先与对方取得联系，这是基本原则。此外，我们一定要严格遵守事先和对方约好的时间、地点。

严守时间是与人会面的必要条件。如果对方是个重要人物，其行程表多半排得很紧凑，我们即使只迟到 5 分钟或 10 分钟，亦足以在对方心目中留下不良印象。

出发前应将交通堵塞或其他意外因素考虑在内，应比约定时间至少提早 5 分钟，最好是提早 10 分钟抵达。抵达后不妨把打算和对方讨论的内容复习一遍，使自己能以从容不迫的姿态出现在对方的面前。

如果中途发生了意想不到的事情使我们延迟抵达或必须取消会面时，应尽早与对方取得联系，以便重新约定见面时间，并能让对方尽早作出调整。

从握手中体现你的风度

原文：人有礼则安，无礼则危。

——出自《礼记·曲礼上》

释义：人有礼仪规范就会和谐，没有礼仪规范就会有危害。

在大多数国家的礼仪中，握手是见面和离别时的礼仪，并且它还可以表示感谢、慰问、祝贺或鼓励。那么，怎样握手才最有风度呢？

（1）握手姿态要正确。行握手礼时，我们通常要距离受礼者约一步远，两足立正，上身稍向前倾，伸出右手，四指并齐，拇指张开与对方的手相握，微微抖动三四次后松开，恢复原状。与关系亲近者，握手时可稍加力度和抖动次数，甚至双手交叉热烈相握。

（2）握手必须用右手。如果恰好你当时正在做事，或手很脏很湿，应向对方说明，摊开手表示歉意或立即洗干净，再与对方热情相握。如果戴着手套，则应将其取下后再与对方相握。

（3）握手要讲究先后次序。一般情况下，握手是由年长者先向年轻者伸手，身份地位高者先向身份地位低者伸手，女士先向男士伸手，老师先向学生伸手。如果两对夫妻见面，先是女士相互致意，然后男士分别向对方的妻子致意，最后才是男士互相致意。拜访时，一般是主人先伸手，表示欢迎；告别时，应由客人先伸手，以表示感谢，并请主人留步。不应先伸手的就不要先伸手，见面时可先行问候致意，等对方伸手后再与之相握，否则是不礼貌的。许多人同时握手时，最好不要交叉握手。

（4）握手要热情。握手时双目要注视着对方的眼睛，微笑致意。切忌漫不经心、东张西望，边握手边看其他人或物，或者对方早已把手伸过来，而你却迟迟不伸手相握，这都是冷淡、傲慢、极不礼貌的表现。

（5）握手要注意力度。握手时，既不能有气无力，也不能握得太紧，甚至握痛了对方的手。握得太轻，或只触到对方的手指尖，不握住整只手，对方会觉得你傲慢或缺乏诚意；握得太紧，对方可能会认为你热情过火或觉得你粗鲁、轻佻而不庄重，这一切都是失礼的表现。

（6）握手应注意时间。握手时，既不宜轻轻一碰就放下，也不要久久握住不放。一般来说，说完欢迎或告辞致意的话后就应放下。

另外还要注意，握手时不要一只脚站在门外，一只脚站在门内，也不要连蹦带跳地握手或边握手边敲肩拍背，更不要有其他轻浮不雅的举动。

我们在行握手礼时应努力做到合乎规范，避免触犯下述禁忌。

（1）在和基督教信徒交往时，两人握手时要避免相握的手呈交叉状，这在他们眼里这是很不吉利的。

（2）不要在握手时戴手套或墨镜，只有女士可以在社交场合戴着薄纱手套握手。

（3）握手时另外一只手不要插在衣袋里或拿着东西。

（4）握手时不要面无表情、不置一词或长篇大论、点头哈腰、过分客套。

（5）握手时不要仅仅握住对方的手指尖，好像有意与对方保持距离。正确的做法是握住整个手掌，即使对异性也应这样。

（6）不要在握手时把对方的手拉过来、推过去，或者上下左右抖个没完。

最佳的外商接待礼仪

原文：君子之交淡如水，小人之交甘若醴。

——出自《庄子·外篇·山木》

释义：君子有高尚的情操，交往不含任何功利之心，所以友谊淡得像清水一样，小人之间的交往，包含着浓重的功利之心，所以表面看来甜得像甜酒一样。

当有外商来本地或本单位参观时，作为接待人员，我们怎样做才最合适呢？

（1）接待外商时，应对本地区或单位进行简明扼要的介绍。介绍的材料要丰富、形式要活泼多样，既不能夸大成绩，也不能掩饰不足。

（2）如果外商要参观工厂、学校，我们的工作和学习都要照常进行，而不应停工、停课。当客人主动与我方人员握手、攀谈时，应热情回应。

（3）不要在外商参观的单位自行悬挂标语、国旗和外国领袖像等，应听从接待单位的统一安排。

（4）陪同人员不宜过多，指定陪同人员不应半途离去或不辞而别，同时要做好安全保卫工作。

（5）介绍情况时应面向全体，避免冷落部分客人。不仅要照顾好主宾，还应照顾好其他客人。

（6）如果外商提出了问题，我们应视情况慎做答复，不要不懂装懂、轻易表态，不要随意承诺客人送礼品、产品、资料等。注意内外有别，遵守保密规定。

巧妙应对不速之客

原文： 修身践言，谓之善行，行修言道，礼之质也。

——出自《礼记·曲礼上》

释义： 修身养性，兑现诺言，这就是好的品行。行为端正，言语合道，这就是礼的本质。

日常工作中，难免会遇到不速之客，他们可能是客户、同事或者其他人。那么，我们应如何应付这种情况，才能做到既礼貌又不会影响工作呢？

（1）面对领导的客户或上级时，我们应该热情地请他们到会客室就座，给他们倒上一杯茶，接着可以说"您稍等一下，我看一下×××在不在"，马上告诉领导，再按领导的指示接待、安排。

（2）面对领导的亲朋好友时，我们可以请他们到会客室就座，并马上通知领导，再按指示接待。

（3）面对公司内部的管理人员时，如果他有急事要见领导的话，我们要马上通报，以免误事。

（4）面对推销员时，我们可以先让他们稍等，然后打电话给相关部门。如果相关部门有意向或是事先有约的话，就指引他们过去。

有些推销员坚持要见领导，一是确实和领导有约，二是根本没有约定，只是他们觉得见领导更有益于他们的推销工作。这时，我们没必要马上推辞，可以让他们把材料留下，并在方便的时候请示领导。如果领导感兴趣，会及时主动和他们联系。

（5）面对客户提出的不需要领导出面我们就可以解决的问题时，我们可以介绍他们去找相关部门的主管或相关人员进行交涉。当然，你最好先帮客户联系一下，如果不好找则最好带他们过去。

（6）面对其他不速之客时，我们要先请对方报上姓名、单位、来访目的等基本资料后，再去请示领导，由领导决定是否会见。

总之，应对"不速之客"，不可擅作主张，及时向领导请示为妙。

等对方先挂断电话

原文：非仁无为也，非礼无行也。

——出自《孟子·离娄下》

释义：不合乎仁的事不干，不合于礼的事不做。

在现代社会中，电话已经成为商业联络的一个重要工具，利用电话可以带来许多便利，方便做生意、办事情。

电话不仅可以传递声音，也可以传递你的情绪、态度和风度。电话是通过声音交流的，虽然对方看不见你，但你的情绪、语气和姿态都能通过声音的变化传达给对方。可以说，电话是与人沟通交流的有效途径，接听电话是需要讲究礼仪的。有些人在这方面就相当欠缺，他们往往在接听电话时，还没等到对方说"再见"，就重重地挂上了电话，虽然这只是一个很小的细节，但却是一种十分不礼貌的行为。

无论你手头有多少工作需要处理，都不可粗鲁地挂断电话，否则会让对方感到你不懂礼貌，素质太低，而对你产生了不良印象。甚至还会影响你与客户之间的沟通与交流，进而影响生意。下面这个案例或许能够让你对此深有体会。

赵雪（化名）是一家贸易公司的秘书，恰好在她忙得不可开交时一个客户来电。赵雪在听了对方一番长长的问题描述后，只做了简单的回答就挂断了电话。

对方还没有说再见，就听到赵雪这边"咔嗒"一声就挂了电话，一下子就愣住了，他并没有想到赵雪会在他表达完之前就挂断了电话，心里十分不快地嘟哝了一句："这么急，赶杀场啊！"

后来，这个客户与赵雪的上司一起聊天时，谈到了赵雪挂电话的事，她的上司一回来就把赵雪批评了一顿。

因接听电话而失去重要客户是得不偿失的，因此，我们在接每个电话时都要将对方视为自己的朋友，态度恳切，言语中听，使对方乐于交谈。在接听电话时，应注意倾听对方的谈话，这不仅是对他人的尊重，也能体现出你的修养和气质。同时，适当地给予回应，可以让对方感到你有耐心、有兴趣听他讲话，这无疑会使对方信任你，而客户的信任对你的工作是非常有利的。

在当今的商业社交上，各公司往来频繁，电话沟通是常有的事，这可以使彼此沟通良好，但若是次数太多，同样会惹人讨厌。

一般而言，商务电话都是由打电话的那一方先挂电话，这是基本的电话礼貌，因为是有事情的人打电话过去，事情联络好交代完后理应挂上电话，这样才可算是交易的完成。但是如果遇到的是长辈，就要另当别论了，为了表示尊重，不管是打电话的或是接电话的，都应该由长辈先挂，在确定对方已经挂线后，自己再轻轻地放下听筒。

总之，在电话交谈中，礼貌是好的结束也是希望的开端，我们要留给对方好印象，可别忽略了最后的礼貌，谨言慎行才是得体的商务应对之道。

实用的礼物才是最好的礼物

原文： 往而不来，非礼也；来而不往，亦非礼也。

——出自《礼记·曲礼上》

释义： 此人前往施惠而彼受惠者不来报答，不符合礼的要求；彼人来施惠而此人不前往报答，也不符合礼的要求。

如果你尚不算一个应酬高手，那么送礼物时，你一定要知道对收礼人来讲，实用的礼物才是最好的。

一般来说，日常生活用品可以作为你送给对方的礼物，因为它和人们的生活息息相关，人们每天都在和它打交道。所以，将日常生活用品作为礼物往往很实用。

日常生活用品的种类很多，像炊具、餐具、茶具、酒具等均在其列。还有一种礼品化的组合性日用品，通过重新包装，也很受欢迎。有童装与玩具的组合、儿童食品与小玩具的组合、名酒与酒具的组合、服装与个性化饰品的组合、笔与手表的组合、笔与打火机的组合等。具有深刻含义的礼物，如酒与杯的组合，象征着"酒逢知己千杯少"；茶与茶具的组合，象征着君子之交等。

送给对方毫无用处的东西是一大忌讳。例如，给一个没有汽车的人送汽车配件，给一个不喝酒的人送酒，或把一套运动器材送给一个腿脚有残疾的人，这些都是不恰当的。

此外，还要考虑到收礼人在日常生活中是否能用得上你的礼品。例如，朋友乔迁之喜，你准备送给他一幅很大的装饰画，首先应考虑：他家里摆得下这么大的一幅画吗？

根据性别可将送礼对象分为男人、女人，根据职业可以分为旅行家、经理、文员等，每个人的职业特点不同，送给他们的礼物也应不一样。

因此，实用性永远是选择礼品和送礼的一个重要参考因素。

送有个性的礼物方显与众不同

> **原文**：士之特立独行，适于义而已。
>
> ——出自《伯夷颂》
>
> **释义**：读书人特立独行，只是使自己的行为符合道义而已。

世界上没有两片相同的叶子，同样的，每个人的性格都是不一样的，一个人与别人不一样的地方就叫作个性。可别小瞧了个性，送礼时如果能把收礼人的个性考虑进去，那么你会收到意想不到的效果。

乾隆皇帝在微服私访下江南时曾到访过杭州龙井狮峰山，他在体察民情时观看了乡女采茶的情景。某日，几个乡女正在老茶蓬前忙着干活儿，看着她们忙碌但又洋溢着欢乐的劳动场面，乾隆皇帝瞬间兴味勃发，也学着她们的样子开始采茶。刚开始采茶没多久，就有太监报道："太后身体抱恙，请皇上急速回宫。"乾隆皇帝一听太后娘娘身体不爽，随手将手中的茶叶扔在了自己的茶袋里，便火速赶回了京城。回去之后才知道，太后生病的主要原因只是吃多了山珍海味，一时肝火上升，肠胃不适，双眼充血，并不是什么要命的大病。此时，皇上身上散发出一种淡淡的清香，以为是皇上带来了什么好东西，所以就向皇上询问。

皇上也觉得非常古怪，自己从江南匆匆赶回，哪里来得及准备什么好礼？但是这清香又是从何而来呢？

他在自己的身上随手一摸，原来是因为自己之前在狮峰山摘得的茶叶在自己的口袋里风干了，便散发出了一种浓郁的香气。

太后随即提出尝尝这茶叶味道的想法，宫女将茶叶泡好后送到太后面前，太后近前果然是清香扑鼻，让人心旷神怡，一时间只觉得自己的眼睛也没有之前那么难受了，红肿果然消失了，肚子也不胀了。太后兴高采烈地说："杭州龙井真可谓是灵丹妙药了！"

很少有人会讨厌极具个性特征的礼物，若你送给别人这样一份礼物，肯定会给他带来惊喜。

忽视收礼人的个性需要，就是忽视自己的情感。在礼物品种上，大多数人追求个性化，购买礼品越来越讲究新颖别致。例如，一套精美的蜡烛杯，一个可折叠的便携式坐椅等，这些新颖的物品都是表情达意的上好礼物。相反，那些刻意用作礼品出现的商品，如各种礼盒、金箔画等，反而因千篇一律而失去了吸引力。

个性化礼物更具有个人特点和纪念意义。因此，个性化的礼物比精挑细选的礼品，更能表达你的心意和感情。

第三章

进退得宜

先有"舍"，才有"得"

原文：将欲取之，必固予之。

——出自《道德经》

释义：要想得到些什么，就得暂且先付出些什么。

一艘超载的轮船是无法安全到达彼岸的。一个人的时间和精力有限，人必须懂得放弃，才能得到自己最想要的东西。

面对这美丽纷呈的世界，我们每个人都渴望去追求、去获取，很少有人会愿意失去。可佛家有言："舍得，舍得，有舍才有得。"其实，很多时候，放弃并不意味着失去，相反它还是另一种拥有。

不信，让我们一起来看看下面这个故事。有一位住在深山里的农民，经常感到环境艰险，难以生活，于是便四处寻找致富的好方法。一天，一位从外地来的商贩给他带来了一样好东西，尽管看上去那只是一粒粒不起眼的种子。但据商贩讲，这不是一般的种子，而是一种叫做"苹果"的水果的种子，只要将其种在土壤里，两年以后，就能长成一棵棵的树，结出数不清的果实，拿到集市上，可以卖好多钱呢！欣喜之余，农民急忙将种子小心收好，但脑海里随即涌现出一个问题：既然苹果这么值钱、这么好，会不会被别人偷走呢？于是，他特意选择了一块荒僻的山野来种植这种颇为珍贵的果树。

经过近两年的辛苦耕作，浇水施肥，小小的种子终于长成了一棵棵苗壮的果树，并且结出了累累硕果。

这位农民看在眼里，喜在心里。嗯！因为缺乏种子的缘故，果树的数量还比较少，但结出的果实也肯定可以让自己过上好一点儿的生活。

他特意选了一个吉祥的日子，准备在这一天摘下成熟的苹果，挑到集市上卖个好价钱。当这一天到来时，他非常高兴，一大早便上路了。

当他气喘吁吁爬上山顶时，心里猛然一惊，那一片红灿灿的果实，竟然被外来的飞鸟和野兽们吃了个精光，只剩下满地的果核。

想到这几年的辛苦劳作和热切期望，他不禁伤心欲绝，大哭起来。他的财富之梦就这样破灭了。在随后的岁月里，他的生活仍然坚苦，只能苦苦支撑下去，一天一天地熬日子。不知不觉之间，几年的光阴如流水一般逝去了。

一天，他偶然来到了这片山野。当他爬上山顶后，突然愣住了，因为在他面前出现了一大片茂盛的苹果林，树上结满了累累硕果。

这会是谁种的呢？他思索了好一会儿才找到了答案：这一大片苹果林都是他自己种的。

几年前，当那些飞鸟和野兽在吃完苹果后，就将果核吐在了旁边，经过了几年的生长，果核里的种子慢慢发芽生长，终于长成了一片更加茂盛的苹果林。

现在，这位农民再也不用为生活发愁了，这一大片林子中的苹果足以让他过上幸福的生活。

人生就是这样巧妙，当我们以为行至水穷处时，上帝又在不远处为我们开辟了一条道路。正如学习飞翔的鸟儿跌落在地，虽失去了几根美丽的羽毛，却获得了在天空中展翅飞翔的本领，又如花草的种子冲破土壤，虽失去了安卧泥土的悠闲时光，却获得了在阳光下开花吐香的机会。

总之，没有失去，也就无所谓获得。一扇门如果关上了，必定会有另一扇门打开，所以，我们对待任何人或事，都不要怀抱着强求的心态。要知道，有时候为人钝感一点，乐观且恬淡地面对生命中必然会存在的"失去"，我们才会机会去拥有更多的快乐和幸福。

放弃和得到永远是辩证统一的。然而现实中，许多人却常常执着于"得"，忘记了"舍"。要知道，什么都想得到的人，最终可能会为物所累，导致一无所获。

其实，人生要有所得必要有所失，只有学会舍弃，才有可能登上人生的高峰。

你之所以举步维艰，是因为你背负得太重；你之所以背负得太重，是因为你还没有学会放弃。你放弃了烦恼，便与快乐结缘；你放弃了对名利的执着，便步入了超然的境地。

独乐乐不如众乐乐

原文： 利可共而不可独，谋可寡而不可众；独利则败，众谋则泄。

——出自《曾国藩文集·治兵语录》

释义： 利益可以分给其他人而不应该自己一个人占有，谋划什么事情的时候则不用很多人一起想。只顾私利，最后肯定会自毁前程；谋划时人多了反而容易泄露秘密。

　　人与人的交往很大程度上就是利益的交往。尤其是生意场上，独木不成林，合作是必然趋势。一个人赚到一点钱后不应该吃独食，应该让别人也沾光赚钱，这也是在方便自己。

　　下面的这个故事，可以深刻地说明这个道理。

　　在一个小镇上，有两个富翁先后去世了。一个富翁下葬时，大家都去送行，而另外一个的葬礼却冷冷清清。

　　一个外地人正好路过这里，看了两个人的葬礼后感慨道："一个人生前的好坏从死后也能看出来。"

　　小镇上的一个老先生笑了，说："先生，那你认为哪个是好人，哪个是坏人呢？"

　　外地人说："这还用问，自然是大家都去送行的那个是好人了。"

　　老先生说："这要看好坏的标准怎么定了。大家都去送的那个富翁花天酒地，吃喝嫖赌全都干，可是大家都从他的手中得到过好处，他还照顾过大家的生意，大家都从他那里赚到了钱，我也拿到过他给我的很多小费；而另一个富翁呢，从来不做坏事，不乱花钱，自己也很节俭，虽然富有，吃饭、穿衣的用度却都很小气，连擦皮鞋的小贩都赚不到他的钱，谁能说他好呢？谁还会去送他呢？"

　　做生意最讲究人气，门庭若市就能发财。因此，让别人也赚到钱，实则是树名头、立威信、结人缘的好办法，有了上述这些条件，何愁没有生意上门？

吃亏是福

原文： 祸兮福之所倚，福兮祸之所伏。

——出自《道德经》

释义： 福与祸并不是绝对的，它们相互依存，可以互相转化。

有些时候，糊涂处世，主动吃亏是件好事，因为山不转水转，也许彼此以后还有合作的机会，大家又会走到一起。若一个人处处不肯吃亏，处处想占便宜，于是，妄想日生，骄心日盛。而一个人一旦有了骄狂的心态，难免会侵害别人的利益，于是便起纷争，在四面楚歌的生活之中，又焉有不败之理？一个人的幸福与否，往往取决于他的心境如何。如果我们用外在的东西，换来了心灵上的平和，那无疑是获得了人生的幸福，这便是值得的。

不少好朋友抑或事业上的合作伙伴，由于种种原因，后来反目成仇了，双方都搞得很不开心，结果大打出手。

有个人却不一样，他与朋友合伙做生意，几年后一笔生意让他们将所赚的钱又赔了进去，剩下的是一些值不了多少钱的设备。他对朋友说，全归你吧，你想怎么处理就怎么处理。留下这句话后，他就与朋友分手了。有风度，而没有相互埋怨，这叫"好合好散"。生意没了，人情还在。

有人问李泽楷："你父亲教给你怎样成功赚钱的秘诀了吗？"李泽楷说，赚钱的方法他父亲什么也没有教，只教了他一些做人的道理。李嘉诚曾经这样跟李泽楷说，他和别人合作，假如他可以拿七分，也可以拿八分，但是最终他觉得自己拿六分就行了。

李嘉诚的意思是，吃亏可以争取更多人愿意与他合作。你想想看，虽然他只拿了六分，但却多了一百个合作人，他现在能拿多少个六分？假如拿八分的话，一百个人会变成五个人，结果是亏是赚可想而知。

李嘉诚一生与很多人进行过或长期或短期的合作，分手的时候，他总是愿意自己少分一点钱。如果生意做得不理想，他就什么也不要了，愿意吃亏。这是种风度，也是种气量，也正是因为这种风度和气量，才有人乐于与他合作，他的生意也才越做越大。所以李嘉诚的成功更得力于他的处世交友经验。

吃亏是福，乃智者的智慧。不管你是做老板也好，还是做合作伙伴也罢，旁边的人跟着你有好日子过、有奔头，他才会一心一意与你合作，跟着你干。

有人与朋友一旦分手，就翻脸不认人，不想吃一点亏，这种人是否聪明不敢说，但可以肯定的是，一点亏都不想吃的人，只会让自己的路越走越窄。让步、吃亏是一种必要的投资，也是与朋友交往的必要前提。生活中，人们对处处抢先、占小便宜的人一般没有什么好感。

占便宜的人首先在做人上就吃了大亏，因为他从来不为别人考虑，眼睛总是盯着他看好的利益，迫不及待地想跳出来占有它。他周围的人对他很反感，合作几次后就再也不想与他继续合作了。合作伙伴一个个离他而去，那他不是吃了大亏吗？

"吃亏是福"不是句套话，尤其是关键时候要有敢于吃亏的气量，这不仅会体现你大度的胸怀，同时也是做大事业的必要素质。

投我以桃，报之以李

原文：结交在相知，骨肉何必亲。

——出自《箜篌谣》

释义：交朋友要交到心上，彼此心相知，这才是真正的朋友，可亲可信的朋友，何必要骨肉之亲才算亲呢？

人与人的交往是相互的，你真心实意地对人付出，对方自然就会把你当成真正的朋友，并以他的真诚作为回应。

楚国人俞伯牙曾在晋国为官，官拜上大夫。他从小热爱音乐，为了陶冶他的情操，老师成连常陪同他前往东海蓬莱山以感受自然之美，让其感受音乐的真谛。因此，伯牙的琴声不仅悦耳动听，还意境幽远。听过他弹琴的人都对其赞不绝口，但是伯牙却没有那么高兴，因为他总认为自己没有找到能真正听懂他琴声的知音。而这也成为他奋斗的目标，他怀着这个希望一直在默默地等待着。

有一年，俞伯牙奉晋王之命出使楚国，在完成自己的任务后准备回国复命，但是需要走水路，也希望能在水路游山玩水的过程中发现自己的知音。不一日，俞伯牙行至汉阳江口，忽然大雨倾盆，风急浪涌，伯牙便让船队在这里的一座小山下暂时停泊。不料想，这日刚好是八月十五中秋节。到了夜间，云开雨收，天空晴朗，一轮明月高悬，江面瞬间波光粼粼。看着这样的夜色，伯牙兴致盎然，令童子焚香置琴，准备弹奏一曲以助雅兴。但是，就在兴味正浓时，"啪"的一声，指下的琴弦便断了。伯牙顿觉惶恐，因为传言人在弹琴时如果琴弦断了，就意味着不祥的事情要发生了，或者是有人在背后偷听。伯牙心想，如果他是在城郭村庄弹琴，就有可能是有聪明好学、懂得音律之人在偷听他弹琴。但是此时正是夜晚，又在荒郊野外，大概不会有这样的人，要有也是索命的仇家或者谋财的强盗，他越想越害怕，就马上让手下上岸，到芦苇丛、树阴处搜索。此时，有人在岸上说道："船上的大人不必再找了，在下并非奸盗之徒，正是山上的樵夫。只因砍柴时间久了，加之风雨交加，所以躲在崖下避雨，不成想有人在这里抚琴，所以就驻足听了一会儿。"

伯牙不以为然，说道："打柴之人也敢说'听琴'二字，岂不是假话。"樵夫反驳道："大人错了，难道您不知道'门内有君子，门外君子至'吗？"

伯牙瞬觉此人不俗，便问到："那你说说我刚才弹的是哪首曲子？"樵夫笑道："孔子赞叹弟子颜回的曲谱。"并随口吟出了第四句的歌词。之后又问："你说说我手中这把琴的来历吧！"樵夫不慌不忙将琴的名称、来历、材质、构造、音色，以及弹奏要求和相关的古代传说，说得清清楚楚，分毫不差。接着伯牙又问他关于音乐意境的理解。伯牙开始弹琴，到了激越高亢之处，樵夫便说："巍峨壮美呀！大人志在高山。"到了清新流畅时，樵夫道："宽广优美呀！大人志在流水。"从此，伯牙已经对其佩服得五体投地了。想不到自己渴求多年的知音就在面前。如此神交契合，真是相见恨晚。

这个故事虽然具有浓厚的传奇色彩，但却寄予了人们渴望挚友的美好愿望。从此，《俞伯牙摔琴谢知音》的故事千百年来一直是中华民族表达朋友情谊的集体原型意象。

真诚对人还意味着要经常留意他人的兴趣爱好。

总之，真诚是相互的，要获得朋友的真心就要主动献上自己的一份诚挚的关怀。

予人玫瑰，手有余香

原文：滴水之恩，当涌泉相报。

——出自《增广贤文·朱子家训》

释义：即使受人一点小小的恩惠也应当加倍在行动上报答。

士为知己者死，女为悦己者容。士为知己者死，是说人们甘愿为赏识自己、栽培自己的人献身。

公元前239年，燕国太子丹在秦国当人质，秦国对他很不友好，太子丹对此怀恨在心，偷偷逃回燕国，于是秦国派大军向燕国兴师问罪。太子丹势单力薄，难以与秦兵对阵，为报国仇私恨，他广招天下勇士，去刺杀秦王。

荆轲是当时有名的勇士，太子丹把他请到家里，像招待贵客一样招待他。

后来，太子丹又对逃到燕国来的秦国叛将樊於期以礼相待，奉为上宾。二人对太子丹感激涕零，发誓要为太子丹报仇雪恨。

荆轲虽勇猛异常，但秦廷戒备森严，五步一岗，十步一哨，且有精兵护卫，接近秦王难于上青天。于是，荆轲就说服樊於期用人头骗取秦王的信任，樊於期依计而行。荆轲带着樊於期的人头和督亢地方的地图去见秦王，这两件东西都是秦王想要得到的东西。但他未能杀掉秦王，反被秦王擒杀。

樊於期之所以能献头，荆轲之所以能舍命刺杀秦王，完全都是为了回报太子丹的礼遇之恩。

"投桃报李""滴水之恩，涌泉相报"，足以说明"恩惠"对人的巨大影响。

春秋时，楚庄王励精图治，国富民强，手下战将众多，个个都肯为他卖命。楚庄王也极力笼络这批战将，经常宴请他们。一天，楚庄王又大宴众将，喝得极其痛快。天色渐晚，庄王命令点上蜡烛继续喝酒，又让自己的宠姬出来向众将劝酒。突然间，一阵狂风吹过，把厅堂里的灯烛全部吹灭，四周一片漆黑。猛然间，庄王听得劝酒的爱姬尖叫一声，庄王忙问何事。宠姬在黑暗中摸过来，附在庄王耳边哭诉："灯一灭，有位将军无礼，偷偷搂抱臣妾。我已偷偷扯掉了他的帽缨，请大王查找无帽缨之人，重重治罪，为妾出气。"

楚庄王听了宠妃的哭诉，表现出很不以为然的样子。他想，怎么能为了爱妃的贞节而使部属受到惩治呢？于是，庄王趁烛光还未点明，便在黑暗中高声说道："今天宴会，盛况空前，请各位开怀畅饮，不必拘礼，大家都把自己的帽缨扯掉，谁的帽缨还在谁就是没有喝好酒！"群臣哪知庄王的用意，为了讨得庄王欢心，纷纷把自己的帽缨扯掉。等蜡烛重新点燃，所有赴宴人的帽缨都没了，根本就找不出那位调戏宠妃的人。就这样，调戏庄王宠妃的人不仅没有受到惩罚，就连自己的面子都被保住了。按理说，在宴会之际调戏王妃，堪称杀头之罪了。楚庄王为什么故意为他开脱，不加追究呢？他对王妃解释说："酒后失态是人之常情，如果追查处理，反会伤了众人的心，使众人不欢而散。"

时隔不久，楚庄王借口郑国与晋国在鄢陵会盟，于第二年春天，倾全国之兵围攻郑国。战斗十分激烈，历时三个多月，发动了数次冲锋。有一名军官在这场战斗中奋勇当先，与郑军交战斩杀敌人甚多，郑军闻之丧胆，只得投降，最终是楚国取得了胜利。在论功行赏之际，楚庄王得知，奋勇杀敌的那名军官名叫唐狡，就是在酒宴上被宠妃扯掉帽缨的人。他此举正是感恩图报之举啊！

容人之过，方能得人之心。有过之人非常希望得到他人的宽容和友谊，希望能得到悔过自新的机会。

这种需要一旦得到满足，人与人之间的对立情绪便会立即消失，感恩戴德，"得人滴水之恩，必当涌泉相报"的情感很快会在心理上占据主导地位。在这个基础上，如果领导人能够稍加引导，就会让下属产生像"戴罪立功"那样的心理效果。

其实，有时给别人一些小的恩惠和人情对你来说只是举手之劳，并不费多少力气，可是对别人来说却是一种莫大的安慰，必要时他会舍命来报答你。

给不幸者送上真诚的安慰

原文： 见贫苦亲邻，须多温恤。

——出自《朱子家训》

释义： 看到穷苦的亲戚或邻居，要安慰他们，须尽量给他们金钱上的帮助。

　　人生的道路不平坦，逆境常多于顺境，人人都难免遭遇不幸。当事者身处逆境、面对不幸时，不仅需要本人坚强起来，也迫切需要别人的安慰。

　　人是社会性的、合群的和有感情的高等动物。当人感到孤寂时，痛苦便会倍增；当痛苦有人分担时，痛苦便会减半。患难见真情。安慰如"雪中送炭"，能给不幸者以温暖、光明和力量。

　　一个夏日的傍晚，一位少妇投河自尽，恰好被正在河中划船的老船夫救起。老船夫关切地问道：

　　"你年纪轻轻，为什么要寻短见呢？"

　　少妇哭得凄凄惨惨，说："我才结婚一年，丈夫就抛弃了我，我活着还有什么意思呢？"

　　"那我问你，你一年前是怎么生活的呢？"老船夫问道。

　　少妇回忆起自己一年前的美好时光，她眼前一亮："那时我自由自在，无忧无虑，对生活充满了希望。"

　　"那时你有丈夫吗？"老船夫又问。

"当然没有啦。"少妇答道。

老船夫说:"那么你不过是被命运之船送回到一年前,现在你又自由自在、无忧无虑了,你什么也没损失啊。"

少妇想了想,说:"真的是这样,我怎么会和自己开了这么大一个玩笑呢!"说完,又重新充满了希望。

人在悲伤的时候,总会认为未来的生活毫无希望,从而失去了对生活的兴趣,老船夫让少妇回忆起过去的美好生活,让少妇明白了生活中还是有很多让人快乐的事情的,重新点燃了她对生活的希望之火。

共同利益是消除隔阂的桥梁

原文:天下熙熙,皆为利来;天下攘攘,皆为利往。

——出自《史记·货殖列传》

释义:天下人和和乐乐,都是为利益而来;天下人纷纷嚷嚷,也都是为了利益而往。

一般情况下,在求人办事的过程中,求人者往往是处于不受欢迎的地位的。那么,什么可以作为消除隔阂、沟通关系的桥梁呢?那就是共同利益。如果我们能洞悉对方的利益所在,告之以利,使求人的过程变成寻求共同利益的过程,肯定会收到良好的效果。

张武(化名)是一家公司的人力资源总监。一天早上,一名年轻有为的员工走进他的办公室,对他说自己刚接到一家大公司的录用通知，这家公司承诺提供给他更好的待遇和福利。

张武知道，那家公司是用高薪来做诱饵的，因为这一点自己的公司办不到，再说以目前这位年轻人的职位和对公司的贡献，还不值得投这个"资"。不过考虑到这位年轻人今后对公司的作用，张武开诚布公地说明了情况。

他首先答应可以将这位年轻员工的薪金略微提高。他指出，以年轻人目前在公司的职位，将来升迁的机会会很大。虽然目前本公司所提供的薪金与别的公司相比要低一些，但公司不会亏待它的任何一位成员。如果年轻人能胜任当前的工作，那么根据公司的奖励制度，薪金就会逐年调高。

接着，他语气一转，说道："接受那份工作对年轻人而言实际上是死路一条。虽然那家公司比本公司提供了更多的薪水，但是，如果他接受了那家公司的工作，那么他将来在那家公司的职位，将很难有机会继续提升。这并非说明他的能力不足，而是这一新职位将来并没有升迁的机会。"他继续告诉年轻人，他想加入的那家公司是个家族企业，其中的成员大多沾亲带故，一个外人很难打入权力核心。

张武这一番语重心长的话让年轻人似有所悟，他也知道张武并不是在开空头支票，因为张武说的都在情在理，都是符合实际的。几天后，这位年轻员工又回到了张武的办公室，告诉他自己已经放弃了新的工作，决定仍然留在公司里。

张武在同年轻员工的这次交谈中，能够说服年轻有为的员工留下来，基本上就是采用开诚布公聊天的方法，分析了年轻员工去与留的利弊。既有"软"手段，承诺加薪，描绘美好前景；又有"硬"

手段，指出跳槽的短期风险和长期风险。由于他态度中肯，且语中要害，虽然没有满足年轻员工眼下的种种额外要求，但还是达到了挽留年轻员工继续为公司服务的目的。

所以，如果你需要一个支持者或者同盟的帮助，不要提醒他你在过去曾经给予过他的帮助，也不要让他想起你的那些感人事迹。那么做只会让他想尽办法忽视你、躲避你。相反，在必要的时候，揭露一些真相，指出你将会给他们带来的好处。当他从中看到了自己可能获得的一些利益时，他就会热情地回应你。

互惠互利，保持良好交往的保证

原文：故说人主者，必与之言奇；说人臣者，必与之言私。

——出自《鬼谷子·谋篇第十》

释义：所以游说君主，必须要陈述奇策；游说臣子，必须要从他的切身利益入手。

人与人之间的交往是一种平等互惠的关系，你对别人怎样，别人就会怎样对你。你帮助我，我就会帮助你。正所谓"投之以桃，报之以李"，一个人只有大方而热情地帮助和关怀他人，他人才会给你给予帮助。所以你想要得到别人的帮助，首先你必须帮助别人。

有一个寓言故事是这样描述的，有一个人在离开人世的时候，请求上帝允许他提前参观一下天堂和地狱，以便做出比较，从而能聪明地选择他的归宿。他首先来到魔鬼掌管的地狱。地狱令他十分吃惊，他简直不敢相信自己的眼睛。因为地狱并非他想象中的那么可怕，他看到的是，所有的人都坐在酒桌旁，桌上摆满了各色美味佳肴，包括肉、水果、蔬菜。

　　然后，他又去了天堂，没想到天堂的景象其实跟地狱完全一样——同样的食物和那些四尺长的把手。然而，天堂里的居民却都在唱歌、欢笑，个个像天使般满面春风、神采飞扬。这位参观者不知道为什么会这样。他奇怪为什么条件相同，人们的感受却如此不同呢？地狱里的人都在挨饿而且可怜兮兮的，可天堂的人却酒足饭饱而且很快乐。他带着一脸疑惑，开始走近观察，最后终于找到了答案。原来，地狱里的每个人都是试图喂饱自己，可是用四尺长的把手是根本不可能把食物送到自己嘴里的。而天堂的每一个人却都在喂对面的人，同时津津有味地吃着对面的人喂来的食物。他们彼此互相帮忙，也帮到了自己。

　　上面的小故事给我们的启示是，如果你帮助其他人获得了他们需要的事物，你也因此而得到了自己想要的事物，而且你帮助的人越多，你得到的也越多。

　　在中国历史上，辅佐周朝建立不朽功业的奇人姜太公就曾经对周文王说：“天下不是一个人的天下，而是天下人的天下。同享天下利益的人得天下，私夺天下利益的失天下。”又说：“与人同病相救，同情相成，同恶相助，同好相趋。所以没有用兵而能取胜，没有冲锋而能进攻，没有战壕而能防守；不想获得民心的人，却能获得民心。不想取得利益的人，却能得到利益。”

　　著名的考古学家理查德·李凯认为，人类之所以被称为人类，互惠原理功不可没。他说："我们人类社会能发展成为今天的样子，是因为我们的祖先学会了在一个以名誉作担保的义务偿还网中分享他们的食物和技能。"正是由于这张"网"，才会有劳动的分工和不同商品的交换。互相交换服务使人们得以发展自己在某一方面的技能，从而成为这方面的专家和能手，这也使得许多互相依赖的个体得以组成一个高效率的社会单元，从而推动社会的进步。

互惠原理是人类社会的永恒法则，它是各种交易和交往得以存在的基础。我国古代讲究礼尚往来，这就是互惠原理的一种表现。人与人之间的互动，就如同坐跷跷板一样，不可能永远是某一端高，而是会高低交替。一个永远不肯吃亏、不肯让步、不肯与别人互惠的人，即使暂时赢了、得到了不少好处，从长远来看，他也一定是输家，因为没有人愿和他玩下去了。

走利益共享之道

原文：兼相爱，交相利。

——出自《墨子·兼爱》

释义：互相有爱，都能够得到利益。

21世纪是一个全球一体化的共赢时代，合作已成为人类生存的重要手段。科学知识向纵深方向发展，社会分工越来越精细，每个人都要借助他人的智慧来实现自己人生的超越，所以这个世界既充满了竞争与挑战，又充满了合作与共赢。

有些人认为只要得到利益就是"赢"，手段可以忽略不计。为了能"赢"，我们可以千方百计地损害他人的利益。但这种耗尽人力物力、顾此失彼的"赢"不叫"赢"，而是"输"。共赢观念无疑改变了传统思维中那种你死我活的残酷的竞争意识。如今，有些人已深知要以良好的合作、共同获利作为互补共赢的生存主题。"胜者为王，败者为寇"成了一种与现代社会格格不入的思想，因为战场上的败者，总会想方设法地把战胜过他的人拉下马，让其成为更大的败者。与其如此，何不走利益共享之道呢？

著名学者史蒂芬·柯维曾说："两个人之间，相互妥协是 1+1=1，各自为政是 1+1=1/2，集思广益是 1+1=3。"他认为共赢精神可以产生个人以前无法产生的效益，甚至比两个人分别产生的效益的总和还要大。

我们常听到这样一句话："世界上没有完美的个人，只有完美的团队。"

只要注重合作共赢，众志成城，就能以最小的代价，获取最大的成功！过独木桥时，如果我们是一个人走的，那么走不了多远就会失去平衡跌下来，但是如果有一个同伴站在独木桥的另一边，两个人手搭着手，维持彼此的平衡，你们就可以一路走下去。

有一名商人在一团漆黑的路上小心翼翼地走着，心里懊悔自己出门时为什么不带上照明的工具。忽然前面出现了一点光亮，并开始渐渐靠近。灯光照亮了附近的路，商人走起路来也顺畅了一些。待到他走近灯光时，才发现那个提着灯笼走路的人竟是一位盲人。

商人十分奇怪地问那位盲人说："你双目失明，灯笼对你一点用处也没有，你为什么要打灯笼呢？不怕浪费灯油吗？"

盲人听了他的问话后，慢条斯理地回答道："我打灯笼并不是为了给别人照路，而是因为在黑暗中行走，别人往往看不见我，我便很容易被人撞倒。而我提着灯笼走路，灯光虽不能帮我看清前面的路，却能让别人看见我。这样，我就不会被别人撞倒了。"

这位盲人用灯火为他人照亮漆黑的路，为他人带来了方便，同时也保护了自己。正如印度谚语所说："帮你的兄弟撑船过河，你也能到达对岸。"

成功者都明白这样一个道理：共赢则两利，分裂则两败。这就像一棵树，无论它怎样伟岸、粗壮和挺拔，它也成不了一片森林；一块石头，无论它怎样大，它也成不了一面墙。任何人要想有所作为，就必须融入团队，大家齐心协力，这样才能赢得发展。

诚然，经营自己的事业需要自力更生，这也是为业之道。但是个体力量与群体力量相比总是渺小、有限的。我们可以在自力更生的基础上，有选择地借助外界的力量，形成合力，那么竞争实力就会倍增，自身抵抗经营风险的能力就会倍增，从而达到你赢我也赢的共赢大道。

由此可见，共赢是一种卓有远见的和谐发展，既利人，又利己；既存在合作，又存在竞争；既需要相互比赛，又需要相互激励……其所达到的效果远远比单赢要好得多。

信任是合作共赢的基础

原文: 非成业难,得贤难;非得贤难,用之难;非用之难,任之难。

——出自《三国志·吴书·钟离牧传》

释义: 成就大的事业并不难,难的是得到有才能的贤人;得到贤人并不难,难的是使用他们;使用它们并不难,难的是信任他们。

合作需要各方统一战线,齐心协力打败对手。轻易怀疑你的合作伙伴等于自挖阵脚,不战自溃。

灰兔在山坡上玩,发现狼、豺、狐狸鬼鬼祟祟地向自己走来,急忙钻到自己的洞穴中避难。

灰兔的洞一共有三个不同方向的出口,为的是在情况危急时能从安全的洞口撤退。今天,狼、豺、狐狸准备联合起来对付灰兔,它们各自把守着一个出口,使灰兔围困在洞穴中。

狼用它那沙哑的嗓子对着洞中喊道:"灰兔你听着,三个出口我们都把守着,你逃不了啦,还是自己走出来吧。不然我们就要用烟熏你了,还要把水灌进去!"

灰兔想,这样一直困在洞里也不是个办法,如果它们真的用烟熏、用水灌,情况就更不妙了。忽然,灰兔灵机一动,想出了一个妙计。

它来到狐狸把守的洞口,对着洞外拼命地尖叫,就像被抓住后发出的绝望惨叫声一样。

狼和豺听到灰兔的尖叫声后,以为灰兔已经被狐狸抓住了。它们担心狐狸抓到灰兔后独自享用，就不约而同地飞奔到狐狸那里，想向狐狸索要属于自己的一份。聚到一起后，狼、豺、狐狸忽然意识到灰兔可能是用了声东击西之计时，急忙又回到各自把守的洞口继续把守了。

它们哪里知道，灰兔趁刚才狼到狐狸那里去的时候，早已从它把守的洞口里飞奔出来，躲到了安全的地方。

灰兔把自己脱险的经过告诉了刺猬，刺猬说："你真聪明，你是怎么想出这个妙计来的呢？"灰兔说："因为我知道，狼、豺、狐狸虽然结伙前来对付我，但它们都有贪婪的本性，互不信任，各怀鬼胎，我正是利用了这一点。"

没有信任的团队，是无法形成强大的向心力和凝聚力的，在竞争中，这样的团队总会被对手找到漏洞并被各个击破，最终落得个失败的下场。

信赖是人与人之间最高贵、最重要的情谊，人们最值得骄傲的事就是自己可以受到别人的信任。

学习去信任我们的"战友"，同时学习让自己成为值得信任的人。

学会分享，快乐合作

原文：乐人之乐，人亦乐其乐；忧人之忧，人亦忧其忧。

——出自《辨兴亡之由策》

释义：你为别人的开心事而高兴，别人也会为你的开心事感到高兴；你为别人的患难而担忧，你有忧患时别人也会为你分忧。

互惠互利的实质就是分享。现代社会是一个充满竞争的社会，"物竞天择，适者生存"，可以说，竞争是无处不有、无时不在的。竞争者与合作者作为竞争与合作的主体及对象，与竞争合作相伴而生、相伴而灭。一个人要学会与别人共享自己的力量，人生的成功才能达到极致。

成功最终必然会影响到他人和我们自己的生活。

当一个人能公开承认，现有的成就并非是自己独立获得的，所以当他知道自己不能独享荣耀时，会在心中油然而生一种完美和谐的感觉。

一盘散沙本身没有太大的作用，但是如果建筑工人把它按比例掺在水泥中，就能成为建造高楼大厦的水泥板和水泥墩柱；化工厂工人将其熔融、成型、冷却，它就会变成晶莹透明的玻璃。单个人犹如一颗渺小的沙粒，只要与人合作，就会产生意想不到的变化，变成有用之材。要共赢，就要学会与人合作，才能使自己的事业向前发展。

关于分享合作，有这样一则故事：

从前，有两个饥饿的人得到了一位长者的恩赐：一根渔竿和一篓鲜活硕大的鱼。其中一个人要了那篓鱼，另一个要了渔竿，接着，他们就分道扬镳了。

得到鱼的那个人立刻就用干柴搭起篝火煮起了鱼，他狼吞虎咽，还没有品出鲜鱼的肉香，他就连鱼带汤地吃了个精光，不久，他便饿死在了空空的鱼篓旁。另一个人则提着渔竿继续忍饥挨饿，一步步艰难地向海边走去，可当他看到不远处那蔚蓝色的海洋时，他连最后一点力气也使完了，他只能眼巴巴地带着无尽的遗憾撒手人寰。

又有两个饥饿的人，他们同样得到了长者恩赐的一根渔竿和一篓鱼。只是他们并没有各奔东西，而是商定共同去找寻大海。他俩每次只煮一条鱼，经过漫长的跋涉，来到了海边，从此，两人开始了捕鱼为生的日子。几年后，他们盖起了房子，有了各自的家庭、子女，有了自己建造的渔船，过上了幸福安康的生活。

无论是得鱼还是得渔竿，他们都只解决了一部分问题，两者结合起来，才能收到应有的效果。前两个人不懂得这个道理，结果被饿死了。我们若想取得成功，就要学习后两个人的合作精神。

实际上，任何一个人、民族、国家都不可能独自拥有人类最优秀的物质与精神财富，随着人们相互依赖程度的进一步加深，封闭的个人和孤立的企业所能够成就的"大业"将不复存在，合作与团队精神将变得空前重要。缺乏合作精神的人将不可能成就大事业，更不可能成为知识经济时代的强者。我们只有承认个人智能的局限性、懂得自我封闭的危害性、明确合作精神的重要性，我们才能有效地以合作的优势来弥补自身的缺陷、增强自身的力量，才能更好地应对知识经济时代的各种挑战。

打蛇打七寸

原文：倒持泰阿，授楚其柄。

——出自《汉书·梅福传》

释义：把宝剑倒拿着，剑柄给了别人，锋刃对着自己。

"打蛇打七寸"说的是任何事情都有其关键所在，所以，我们在为人处世时，要抓住关键问题，不能将这一要害拱手让人，使其成为别人控制我们的把柄。做事也要考虑周全，不能让自己的所作所为充满漏洞。

汉代的朱博本是一介武将，后来调任地方文官，利用一些巧妙的手段，制服了地方上的恶势力，被人们传为美谈。在长陵一带，有个大户人家出身的名叫尚方禁的人，年轻时曾强奸别人的妻子，被人用刀砍伤了面颊。如此恶棍，本应重重惩治，只因他用重金贿赂了官府的功曹，故而没有被查办，最后还被调升为守尉。

朱博上任后，有人向他告发了此事。朱博觉得太荒唐了！就召见尚方禁。尚方禁心中七上八下的，硬着头皮来见朱博。朱博仔细看着尚方禁的脸，果然发现有疤痕，就将左右屏退，假装十分关心地询问究竟。

尚方禁做贼心虚，知道朱博已经了解了他的情况，就像小鸡啄米似的接连给朱博叩头，如实地讲述了事情的经过。头也不敢抬，只是一个劲地哀求道："请大人恕罪，小人今后再也不干那种伤天害理的事了。"

"哈哈哈……"朱博突然大笑道："男子汉大丈夫，本是难免会发生这种事情的。本官想为你雪耻，给你个立功的机会，你能效力吗？"

于是，朱博命令尚方禁不得向任何人泄露今天的谈话内容，并让他有机会就记录一些其他官员的言论，及时向朱博报告。尚方禁俨然成了朱博的亲信、耳目了。

自从被朱博宽释重用之后，尚方禁对朱博的大恩大德时刻铭记在心，所以，干起事来特别卖命。不久，就破获了多起盗窃、强奸等犯罪案件，工作颇有成效，使地方治安情况大为改观。朱博遂提升他为连守县县令。又过了相当长一段时期，朱博突然召见了那个当年收受尚方禁贿赂的功曹，对他进行了严厉训斥，并拿出纸和笔，要那位功曹把自己受贿的事通通全部写下来，不能有丝毫隐瞒。

那位功曹早已吓得如筛糠一般，只好提起了笔，写下自己的斑斑劣迹。

由于朱博早已从尚方禁那里知道了这位功曹贪污受贿的事，所以，看了看功曹写的交代材料，觉得大致不差，就对他说："你先回去好好反省，听候裁决。从今以后，一定要改过自新，不许再胡作非为！"说完就拔出刀来。

那功曹一见朱博拔刀，吓得两腿一软，又是打躬又是作揖，嘴里不住地喊："大人饶命！大人饶命！"只见朱博将刀晃了一下，一把抓起那位功曹写下的罪状材料，三两下就将其削成纸屑，扔到纸篓里去了。

此后，那位功曹终日如履薄冰、战战兢兢，工作起来尽心尽责，不敢有丝毫懈怠。

许多老谋深算的官员都知道，抓刀要抓刀柄，制人要拿把柄。要想管理好手下、协调各方，就要在他人的身上发现弱点，让他为己所用，这种方法十分奏效。

韬光养晦多忍耐

原文: 不以害人则必自害,不如忍耐徐观胜败。名誉自屈辱中彰,德量自隐忍中大。

——出自《劝忍百箴》

释义: 遇到挫折就发怒,害不到别人,只会害了自己,不如暂且忍耐慢慢等待事情的变化发展。名誉可以从屈辱中传开,德量可以从忍耐中培养光大。

人虽说有理性、有智慧,能够在清醒的时候分辨是非祸福,然而一旦志得意满了,又往往容易一叶障目,因一时的得意而忘乎所以,从而使自己陷入进退两难的境地。

南下打工的汪明(化名)只用了两年时间就成了一家公司的副总经理。不可否认,他是凭真本事坐上这个位子的,用他的话说他所取得的一切成绩都是被逼出来的。他自小就父母双亡,是外祖母一手将他带大的,那时的日子过得很苦,但外祖母还是供他读完了大学。他必须努力工作,用最好的成绩报答外祖母的养育之恩。

不论是从一开始做普通职员,还是后来做副总经理,汪明都表现得非常出色。后来他发现总经理李玲(化名)坐在那位子上可以说是形同虚设,每次汪明向她请示工作时,李玲都认真听他说话,最后只说一句:"你放心去做吧。"算是应允了。这样,所有的事几乎都是汪明在做决策,但一遇上签合同之类的事时,客户总要和总经理面谈，令汪明很不服气：不就是老板的小姨吗？一点本事也没有，却硬是占个蹲位不拉屎。

汪明想谋总经理位置的念头一现，就不想放弃了。他明明知道李玲是老板的小姨，这事不太好办，但随着为公司赚钱的数目的增加，他的信心也越来越坚定了，他想：老板想给小姨工资，放在哪个位置都可以办得到，何必一定要做总经理呢？

老板几次听了汪明的怨言，都不动声色，只是笑问："我那小姨不会过多干涉你的工作吧？"汪明答道："也许将李总放在别的位置上，公司的收益会更加好。"老板脸上依然笑着，但心里已有了盘算。

后来，老板真劝小姨别做总经理了，这下惹火了李玲，作为大股东的李玲越想越气，不久就炒了汪明的鱿鱼。汪明万万没有想到事情会是这样的结果，他始终想不明白：这究竟是怎么啦？

其实，成功也就意味着你在社会的阶层楼梯上又往上攀登了一层。但是越往上，竞争就越激烈，就好比一个公司，上层领导的位置不可能像普通职工的位置一样多，如果你想往上攀登，就需要等待你的上司把他的位置留给你。

可是，如果你的上司得知你在等着顶替他，他一定先把你赶出去。因此，"韬光养晦"是大有学问的。在"韬光养晦"的时候，要有耐心，还要有信心，更重要的是要努力沉淀。

第四章

以柔克刚

以诚待人

原文：诚者，天之道也。诚之者，人之道也。

——出自《中庸》

释义：诚信是天道的本来原则，追求真诚是做人的原则。

自古人们都把诚信看得非常重要，视它为自己成功必不可少的一个因素，这是非常正确的。不讲求诚信，不仅会给别人造成损失，同时也会使自己失去很多东西，而且它还会影响到你与他人更进一步的交往，使人们逐渐远离你。

与人相处时，诚信是一个非常重要的交往原则，人们应该以古人为榜样，做到"言必信，行必果"。什么事情都要说到做到，做不到的就不要轻易许下承诺，一旦承诺不能兑现，一定要实事求是地跟对方讲明其中的原因，求得对方的谅解。

现代社会越来越开放，人际交往越来越频繁，要想获得别人的认同，不断取得信任，就应该"己所不欲，勿施于人""己欲立而立人"，真诚待人。要知道，不管时代怎么变，诚信作为为人处世的基本准则不会变，也不能变。因为诚实守信已经被人们定为一种美德，人们常以讲信用来表达对人的尊敬，言而无信的人历来都是人们谴责的对象。言而有信、受人尊敬的人，自然会有好的人缘，而言而无信、受人指责的人没有好人缘也是必然的。

中国人从古至今都把信用看得相当重要，并且在长期的生活实践中，总结出了许多关于守信的名言佳句。例如，《论语》中有："与朋友交，言而有信。"宋代理学家程颐说："人无忠信，不可立于世。"还有"一言既出，驷马难追""一言九鼎""一诺千金"等，这些都在告诫人们要守信。因此，不要欺骗别人，免得对方对你的为人产生怀疑，进而全盘否定你。

平时一旦对别人有所承诺，就一定要恪守信用。这说起来简单，做起来却相当困难。只要稍有疏忽，就可能会失信于人。所以，要想做一个守信的人就不要轻易许诺。

在许诺之前人们应先对自己的能力作出正确的衡量，问问自己："我真的能履行那些诺言吗？"如果不确定，那就不要拍着胸脯装好汉。应该用"我尽力""我试试看"来回答。许诺是一件非常重要的事，答应别人就要担负起相应的责任，因此，千万不要轻易向别人许诺。

对于已经许诺的事，就应该认真付出，努力实现它。要知道，如果无法守信，即使理由再充分，别人也会对你产生不良印象，这自然会有损你的形象，影响你的事业。

如果你兑现不了你曾许诺的事，或遇到了严重的、不可预见的困难，一时无法做到承诺，就应该及时通知对方，这样可以避免不必要的误会。千万不要打肿脸充胖子，到最后丢掉了自己的信誉。你应当负起责任来，主动采取补救措施，把损失控制到最小，只有这样才会把失信于人的不良影响降到最低。

凡事不可太较真

> **原文：** 大行不顾细谨，大礼不辞小让。
>
> ——出自《史记·项羽本纪》
>
> **释义：** 做大事情不要计较细枝末节，讲大礼不必在意繁文缛节。

"成大事者，不拘小节"，这句话用在处世中，就是要求我们凡事不可太较真。就像观赏大玉圭的人，不细考察它的小瑕疵；得巨材的人，不为其上的蠹蛀而怏怏不乐。因为一点瑕疵就扔掉玉圭，就永远也得不到完美的美玉；因为一点蠹蚀就扔掉木材，天下就没有完美的良材。

处理事情的时候，一味强调细枝末节，以偏概全，就会抓不住要点，而没有重点，头绪杂乱，就会导致无从下手。因此无论是用人还是做事，都应注重主要部分，不要因为一点小事而影响了事业的发展。须知金无足赤、人无完人，我们要关注的是一个人的才能，而不是他的过失，那为什么还总把眼光盯在其过失上呢？忍小节，就是不去纠缠小节、小问题，要宽恕待人，用人之长。

把着眼点放在较大的目标上，也是规避自己过于较真的有效方法。一个没有做成生意的售货员向经理报告说："买卖没做成，但我和那位客人的吵嘴赢了。"在销售中，最重要的是做成生意，而不是分辨谁对谁错。与员工一起工作，重要的是发挥他们的潜力，而不是就他们犯的小错误大做文章。与邻居相处时，重要的是互相尊重与友好相处，而不是总想着他们是否在说别人的闲话这种事。用一句老话来说，我们宁愿失去一场战斗，而赢得一场战争，也不愿因赢得一场战斗而失去整场战争。

在每次发火之前，问问自己："这件事值得我大动干戈吗？"没有比这一提问更好的镇定剂了，它总能让你不再因麻烦事而烦恼、激动。当我们碰到麻烦事时，可以问自己一声"这件事真的重要吗"，那么至少有90%的争吵与不和都不会发生。

此外，不要困在琐事之中。在解决问题时，多想那些重要的事。不要为一些表面、肤浅的事情所淹没，要集中精力干大事。

另外，爱较真的人经常没法转变思维，说话不圆滑，太过直率的话语反而可能招致不满。比如，甲认为同事乙小姐的衣服难看，便马上对她说："腿短而粗的人不适合穿这种裙子。"结果乙小姐脸一沉，扭头便走，留下甲在一旁发愣。同事小李当着处长的面指点小王说："你的稿子里错别字很多，以后要仔细些。"实话固然是实话，但不久后公司内隐约有人传言："小李惯于在上司面前打击别人，抬高自己……"

真诚并不等于不假思索地将自己的感觉说出来，因为仁者见仁，智者见智，人们对事物的看法没有绝对的对错。因此，不管为人还是做事，都不要太较真。

闲谈不搬弄是非

原文：人之多言，亦可畏也。

——出自《诗经·郑风·将仲子》

释义：别人的闲谈议论也能让人感到畏惧。

闲谈最能考验一个人的为人，老搬弄是非者就是是非之人。

闲谈是促进人与人关系、加强团结合作的工具。

在谈话中，我们可以获得知识，培养感情。然而，在闲谈中，有时也会发生不幸。病从口入，祸从口出，道理谁不晓得？有时口舌的祸害的确不小，一句不负责任的话，弄不好会使人丧失生命，这绝不是危言耸听。

闲谈中，我们要回避对方忌讳的事。被击中痛处，对任何人来说，都不是令人愉快的事。不去提及他人的弱点，是做人应有的美德。

一般人即使在盛怒之下，通常不会做出太出格的事，但也有人会在激怒下拿起手边的玻璃杯往地上摔。摔完玻璃杯又没有其他东西可丢了，所以充其量也不过是自己损失了几个杯子而已。换句话说就是，只要你不伤害别人，发多大的火、说什么话都没有关系。

可是，真实的情况又是如何的呢？某些特殊人物盛怒时做的事情真是相当可怕。平日相当友善的同伴，虽不至于大吼："杀掉那家伙！"但因为个人的立场和本人与各方面的利害关系，至少会演变成"封杀你"的结果：有些人为了公司的前途，不得不牺牲别人的利益。对公司而言，"封杀你"意味着调职、冷冻、开除等人事变动问题。如果你是经商人士的话，"封杀你"就意味着对方拒绝往来或"关系冻结"。

由此我们可以得知，无论一个人的人格有多高尚、多伟大，身上都会有"逆鳞"存在。只要我们不触及对方的"逆鳞"，就不会惹祸上身。所谓的"逆鳞"就是我们所说的"痛处"，也就是缺点。在发展人际关系时，我们有必要事先进行研究，找出对方的"逆鳞"，以免说话时的不慎触犯。

所以，说话的时候一定要警惕祸从口出，两个人交谈，尽量避免谈论第三者，如果所谈之事会不可避免地涉及他人，我们也要掌握分寸，与事有关的方面可以谈，但只限于此。

与人闲谈中，我们不应嘲笑对方的一时失态，不应批评对方的一时失误。经常给别人留台阶，才是真正的君子之风。久而久之，与你打交道的人都会认为你是一个宽宏豁达、胸襟磊落的人。这样你会受到大家的欢迎，做起事来也比较容易。

心平气和，以柔克刚

原文： 安徐正静，其被节无不肉。善与而不静，虚心平意，以待倾损。

——出自《鬼谷子·符言第十二》

释义： 人的修养能够达到安详从容、正直沉静，就会像骨节有肉附着其上一样，发挥顺节制约作用。善于怀柔而不争，要内心谦虚，意志平和，以防备倾覆失败。

一个敏感的人总是会"见微知著"，把一些很小的事情无限放大。吃饭时，别人说没带钱包，他可能就认为对方是故意宰他。这种情绪一旦影响到他，久而久之，他就可能变成了一个"常常不带钱"吃饭的人。这是一个很简单的例子。在生活中，很多人都知道"吃亏是福"的道理，但真正打心眼里认同的还是少数。人们都会在心底里盘算着很多事情的得失。长此以往，这种人就会变成别人口中所说的"小心眼"。当然，"小心眼"不光只是针对钱财和利益，有时候也关乎一时之"气"。

网络上有这样一个真实的新闻报道。

张某在一家四星级酒店做管理。有一天，一名前台小姐接待两名男客人登记入住。她笑脸相迎，礼貌问候，结果男子却说道："你笑得这么开心，是你爸二婚呐还是你妈改嫁了？"那女孩一时没反应过来，一旁的张某听到之后二话不说冲上去就与人扭打了起来，他用顺手抄起的灭火器将其中一名男子的脑袋砸破了。

后来警察迅速赶到，并在了解了事情原委之后才知道，原来说"脏话"的这名男子本身并没有什么恶意，他经常跟朋友开这样的玩笑，这次他正准备跟对方解释，没想到半路会杀出个程咬金，将自己打成重伤。

而张某当时太过冲动，认为对方说出这样的话就是在冒犯他的同事，而他平素最反感轻佻不得体的客人，所以一怒之下动了手。

"人之心胸，多欲则窄，寡欲则宽。"所谓"小心眼儿""心眼窄"就是指心胸狭隘、气量小的人。像案例中的张某，明显就有些"小心眼儿"。小心眼的人感情脆弱、意志薄弱、办事刻板、谨小慎微，有时发展到吝啬、自我封闭的程度，这种人只听得好而听不得坏，只能接受成功而不能接受失败，受到一点委屈或碰到一点很小的得失便斤斤计较、耿耿于怀，生活中遇到一点小小的失误就认为是莫大的失败、挫折而长时间寝食不安。在行为上表现为人际交往面窄，只同与自己一致或不优于自己的人交往，容不下那些与自己意见有分歧或比自己强的人。

但地球并不只是围着一个人转的，心眼小的人因为他的心理特征而不容于大众，因而，他便极易情绪不佳。

当别人正在气头上时，你千万不能以刚克刚、添油加醋，烧旺对方的怒火，那你只能"吃不了兜着走"。最好的办法就是心平气和，以柔克刚。

"以柔克刚"是孙子兵法中的一招。"以柔克刚"，是和一个爱发脾气的人相处的最好办法。对方越是发怒，你应越发镇定温和；对方越是紧张，你越应保持头脑理智。这样，你才能发觉对方因兴奋过度而显露的种种弱点，而可以对其一一加以攻破。

这就好比瓦沟里淌下的流水，一点一滴地落在坚硬的巨石上，最初还未见得有什么现象发生，久而久之，巨石就会出现凹坑，甚至断裂。这就是滴水所爆发出的威力，不可阻挡的"滴水穿石"！

"以柔克刚"不是以硬碰硬，以刚克刚。好比走路，经常会遇到各种障碍，对横在面前的大石头，是搬开它，或者绕着走，还是爬过去？只有权衡利弊，才能得出结论。这样才能胸有成竹地一一绕过它们，快速前进。

"以柔克刚"是智慧的、成功的为人、处世之道。

如何让自己能心平气和地与人相处呢？

1. 轻声细语

它可以表现出说话者尊敬、谦恭、谨慎和文雅的态度和气质。在和别人交谈时，轻声细语可以缩短人与人之间的感情距离，拉进双方的关系。有时，它还能避免一些不必要的麻烦。

2. 慢条斯理

这种语调给人一种宛如柔和的月光、涓涓的泉水的感觉，它由人心底流出，轻松自然、和蔼亲切、不紧不慢，能给听者以舒适、安逸、柔和、亲密、友好、温馨的感觉。人们在请求、询问、安慰、陈述意见时常使用这种慢条斯理的方法，它可以展现男性的文雅大度和女性的阴柔之美，尤其是在抒发情感时，这种声和气的运用会使人更具迷人的魅力。

该说"不"时就说"不"

> **原文：** 事非宜，勿轻诺。苟轻诺，进退错。
>
> ——出自《弟子规》
>
> **释义：** 不合礼义的事，不要随便答应；如果轻易允诺，会使自己进退两难。

事实上，那些顾于情面不敢说"不"的人，其实就是意志不坚之人。这些意志不坚之人，通常认为断然拒绝对方的请求未免显得过于不留情面，而若是在答应后由于客观条件力不从心而难以履行诺言时，再改变心意拒绝对方，显然为时已晚。因为在确定无法做到允诺的事情后再提出拒绝，会给人反复无常的印象，甚至还需要付出相当大的代价去弥补缺失或兑现承诺。若因此事而与请托的对方发生了不愉快，甚至产生了怨恨、敌视，进而演变成双方人际关系上的矛盾与冲突，岂不更是得不偿失？

生活中对于别人拜托你而你又力不能及的事，究竟该如何面对呢？简单地说，只要有足够的勇气和智慧，而不过多顾忌脸面，该说"不"时就说"不"，你就能够轻松过关了。

诚然，一开始就斩钉截铁地说"不"，确实会有损形象，然而不要因此而放弃表示拒绝的权利。即使这样做会破坏他人对自己的期望或好感也在所不惜，何必勉强自己成为偶像型的人物呢？

人要想活得轻松，就最好不要有所谓的"人情包袱"，不要因为拒绝了别人而感到羞愧，不要为那些说自己对别人的请求无能为力的观点而感到难为情，不要因为扫了别人的兴而尴尬，不要违背自己的愿望去硬充"大头"，不要怕扮"黑脸"。

拒绝别人要得法。例如，一个品行不良的朋友来向你借钱，你知道借给他钱就是肉包子打狗有去无回；一个相熟的商人向你推销商品，你明知买下就要亏本……诸如此类的事，你要毫不犹豫地加以拒绝，可是拒绝之后，可能就要断交情、被人误会，甚至埋下仇恨的种子。

要避免这种情形的发生，需要我们发挥自己的聪明才智。学习拒绝要注意：

第一，你应该向对方陈述自己拒绝的理由。

第二，拒绝的言辞最好坚决果断。

第三，不要把责任全推给别人，含糊其辞。

第四，你千万不要伤害他人的自尊心，否则他会迁怒于人，要让对方明白你的拒绝是在万不得已的情况下说出的。

"两难"问题可以这样回答

原文：故君子之治人也，即以其人之道，还治其人之身。

——出自《中庸》

释义：所以君子对人的惩治，就是用那个人的办法，反过来惩治那个人本身。

"两难"问题就是不论你回答"是"或"否"，都可能给你带来麻烦的那些问题。回答这类问题必须用心。很多时候，问这种问题的人总是别有用心，如果问题来自你不能得罪的人，或者发生在公众场合，就会让你左右为难。所以，在回答此类问题时要采用适当的方法。

1. 回避正题

在那些不宜完全根据对方的问题来答话的场合，可采用回避正题的模糊回答，它能让你巧妙地避开对方问题中的确指性内容，让对方感到你没有拒绝他的问题，但你的回答又不是他期望的答案。

2. 假装糊涂

"两难"问题中有一种复杂问语，是利用了"沉锚效应"，隐含着某种错误假定的问语。对这种问语，无论采取肯定回答还是否定答复，结果都会承认问语中的错误假定，从而使回答者落入提问者的圈套。如果一个人偷窃了别人的东西，但他又死不承认。这时审问者便问："那么你以后还偷不偷别人的东西？"无论其回答"偷"还是"不偷"，都陷入审问者问语中隐含的"你偷了别人的东西"的这个错误假定中。对这类问题，不能回答，只能反问对方，或假装糊涂、不明白对方的意思。

3. 自嘲圆场

有时对于一些"两难"问题，无论怎样回答都会让人觉得颜面无光。此时不妨自嘲一下，给自己圆圆场。

某位先生酷爱下棋，但又死爱面子。一次他与一高手对弈，连输了三局。别人问他胜败如何，他回答道："第一局，他没有输；第二局，我没有赢；第三局，本是和局，可他又不肯。"乍一听来，似乎他一局也没有输：第一局他没输，不等于我输，因下棋还有个和局；第二局我没赢，也不等于我输，还有和局嘛；第三局也不等于我输，本是和局，可他争强好胜，我让他了。

4. 迂回出击法

在现实生活中，对于一些我们不能得罪的人提出的难题或者无理的要求，不要急于作出正面反击。我们可以采取迂回的方法，避免与对方发生正面冲突，在抓住对方漏洞的前提下，不动声色地进行反击，从而反败为胜。

5. 巧用对比

有些问题如果直接回答，无论是哪种答案都不太妥当，这时，巧用对比不失为一个脱困的好办法。最好能选一些人们熟悉的事物进行对比，重要的是这些事物必须能说明自己的观点或态度。

6. 以相似问题反击

面对别人的刁难，面对"两难"问题，我们有时不必去苦思冥想，只要用与他相似的问题进行反击，采用以其人之道还治其人之身的方法，就可使自己轻松脱困。

对于非"左"即"右"的问题，切忌在对方问题所提供的选项中做单一选择，因为无论是"左"还是"右"，都正中了对方的圈套。

面对刁难怎样做到应对得宜

原文： 因其言，听其辞。言有不合者，反而求之，其应必出。

——出自《鬼谷子·反应第二》

释义： 要根据对方所说的话，来了解他想表达的意图。如果别人的话有不合理之处，可以反过来探求，对方必然会有应对之词出现。

人生在世不会所有的事都称心如意，在为人处世的过程中，难免会碰到一些刁钻古怪之人，他们会在各种场合对你进行刁难。如果你恼羞成怒，对刁难者进行指责，对方就会反唇相讥，由此陷入进一步的言语大战。但我们也不能表现得过于温和，这样会让对方觉得你是一个软弱可欺的人，没准还会找机会再刁难你。

面对别人的有意刁难，我们既要做到保住自己的面子，又要做到不因回敬过头而显得无礼是很难的。所以，我们可以采取恰当而有效的应对措施：

1. 请君入瓮

生活中，当对方蓄意刁难你，说出令人难堪窘迫的话时，最好采用请君入瓮的方法，巧用话语把对方也引入这种局面，然后自己再悄悄撤退，让对方作茧自缚、自食恶果。

2. 以其人之道还治其人之身

当别人的有意刁难让你不能直接回答时，不妨采用与对方一样的方法，依照和他相同的逻辑，如法炮制一个相同的问题来反问对方，这样就能巧妙地把球踢还给对方。

3. 难得糊涂

在日常生活和工作中，如果有人在大是大非的问题上刁难你，你大可以一笑了之，权当听不懂对方的话，而让对方感到自己是自讨没趣。

4. 巧用反问

巧用反问是应对有意刁难之人的一个普遍、实用的技巧。当对方的问题很难回答或发问的角度很刁钻，而你回答肯定、否定都可能出差错时，那你就不要回答，此时可以把问题还给对方，巧用反问，将对方一军。

5. 化被动为主动

我们可以先有意放松、解除对方的戒备心理，为能牢固地把握主动权打好基础，等到对方上钩了，再予以反击，打对方一个措手不及。

主动化解误会

原文： 实言实行实心，无不孚人之理。

——出自《呻吟语·卷三》

释义： 用真诚的话语、行为、心意对待别人，就没有不让别人信服的。

在误会产生时，当事人双方谁也不愿主动地、面对面地将诸多鸡毛蒜皮的事谈清楚，相反，只在背后说三道四、说长道短，以致双方间的误解越来越多，隔阂越来越深，甚至反目成仇，这么做是不值得提倡的。

误会产生的负面影响是不能忽视的，它会带来痛苦、烦恼，甚至造成悲剧。所以，当我们陷入误会的囹圄后，必须及时调整自己，采取有效的方式予以解除。

以下是消除误会的妙方：

（1）当面说清。解决误会最简便的方法是当面说清。有人由于缺乏勇气，不敢当面对质，结果把问题搞得越发复杂。因此，如果我们发生了误会，需要亲自向对方做出说明，当面表明心迹。

（2）主动解释。有人被误会搅得头昏脑涨，总感到心中窝火，不好启齿，结果随着时间越拖越长，误会就会变得越来越大。所以，有了误会，要主动解释清楚。

（3）查明原因。产生误会后，往往导致一方怒气冲冲、充满怨恨和敌视；另一方满腹狐疑、委屈压抑。此时，双方要保持冷静，必须下一番工夫调查，搞清楚对方的误解源于何处。

（4）请人调解。有时候，双方的误会较深，自己解决可能会不好意思，此时如果我们请他人调解，不失为一个聪明之举。

（5）重新聚会。有时候在误会不大的前提下，可以邀请对方故地重游或聚会畅谈。在和谐、友好的气氛中，彼此心理上的距离会缩短，以往的不快也会烟消云散。

（6）抓住时机。消除误会要选择时机。例如，我们可选择婚宴等喜庆的场合，此时对方心情愉快、神经放松，这个时机往往能更容易得到对方的谅解。

（7）用行动证明。有的误会用语言解释不清楚，那么就用行动去证实。比如，在今后的工作中，我们可以虚心向对方求教，注意肯定人家的长处，在他被人攻击诽谤时，站出来讲几句公道话，这时以前的误会便可化解。

消除误会，还可以采取其他方法。比如，可以与对方平心静气地面谈，也可转托其他人进行解释。若这些方法仍不能消除误会，则可请朋友或上司出面解释问题。实际上，由错误归因所造成的误会，倒很容易消除。因为只要把事实摆出来，误会就会烟消云散。至于那些由于别人的成见，乃至恶意的中伤、诽谤所造成的误会，则是一种对人格的侮辱，我们应该毫不怯懦，针锋相对。对于这些由于偏见所造成的误会，我们则不必过分重视。因为能扭转偏见固然很好，无力改变就随它去吧！有时候"我行我素"这句话还是颇有道理的。须知，尽管别人的误会会严重影响你的情绪，但人的情绪应当为理智所控制。如果别人的闲言碎语可以左右我们言行的轨迹，那么，我们就很难成为生活的强者。而且，在误会面前表现得消极，反而会授人以柄，进而会使你更苦恼、更消极，并由此陷入消极情绪和行为的恶性循环。

所以，消除误会，需要一点为人处世的技巧。如果你想和别人正常交往，当双方发生误会时，就要真诚地去面对它。诚心诚意，才能以理服人，以情动人，才能达到交际的真正目的。

如何摆脱冷遇

原文：和气迎人，平情应物；抗心希古，藏器待时。

——出自《围炉夜话》

释义：用祥和的态度去和人交往，用平等的心情去应对事物；用古人高尚的品格期许自己，守住自己的才能以等待机遇的到来。

在与人交往的过程中，遭受冷遇是很常见的。对此，不同的人有不同的反应：或拂袖而去，或纠缠不休，或怀恨在心。当然有这样的反应也是正常的。但如一概而论，有时就会因小失大，从而影响自己做人办事的效果。因此，了解冷遇的具体情况再实施不同的举措，是十分必要的。

若按照冷遇的成因划分，不外乎三种情况：

一是自感性冷遇，即我们对对方期待过高，对方未使自己满意而感觉受到了冷落。

二是无意性冷遇，即因对方考虑不周，顾此失彼，使我们受到了冷落。

三是蓄意性冷遇，造成的原因是对方存心怠慢，故意让人难堪。

当你被冷落时，首先要辨明情况，弄清原因，然后再从以下对策中选择最合适的一个。

1. 自我心理调节

对于自感性冷遇，我们应反躬自省，进行心理调节，实事求是地看待彼此的关系，避免猜度和忌恨人。

常常有这种情况，在到场之前，我们自以为对方会热情接待，可是到现场却发觉，对方并没有这样做。这时，人们心里就容易产生一种失落感。

其实，这种冷遇感是自己对彼此关系估计过高、期望太大而导致的。应该说，这种冷遇是"假"冷遇，非"真"冷遇。假如遇到这种情况，我们应自己检点自己，重新调整自己的期望值，以明确彼此关系的客观水平。这样就会使自己的心态恢复平稳，避免不必要的烦恼。

2. 设身处地

对于无意性冷遇，我们应采取理解和宽容的态度。在交际场上，有时来访的人较多，主人因事务繁杂，难免照应不周，特别是当不同层次的人员同席时，出现顾此失彼的情形是非常常见的。这时，主人照顾不到的人就会产生被冷落的感觉。

当你遇到这种情况时，千万不要责怪对方，更不应拂袖而去。相反，应设身处地为对方想一想，给予其充分的理解和体谅。

比如，有位司机开车送人去做客，主人热情地把坐车的人迎了进去，却把司机忘了。开始司机有些生气，继而一想，在这样闹哄哄的场合下，主人有疏忽是难免的，并不是有意看低自己，冷落自己。这样一想，气也就消了。之后他自己悄悄地把车开到街上吃了饭。

等主人突然想起司机时，他已经吃完饭并把车停在门外了。主人感到过意不去，一再检讨。司机见状，还说自己不习惯大场合，且胃口不好，不能喝酒。这种大度的为主人着想的精神使主人大为感动。事后，主人又专门请司机来家做客。此后，两人的关系不但没受影响，反而更密切了。

由此可见，对于无意性的冷遇，应采取理解、包容的态度，这种态度给人带来的震撼会比责备强烈得多。同时，还能促使对方改变态度，并能用实际行动纠正过失，使彼此的关系得到发展。

3. 针锋相对

对于有意性冷遇，要从具体情况出发，给予恰当的处理。一般来说，当众给来宾冷遇是一种不礼貌的行为，而有意给人冷落那就是思想意识的问题了。在这种情况下，我们对其予以必要的回击，既是维护自尊的需要，也是纠正对方错误行为的正义之举。

4. 抓住对方的要害

与傲慢者打交道最容易遭受冷遇，我们可以抓住对方的要害给以反击，打掉他赖以生傲的资本，这样对方就会从自身的利益出发，放下架子，把你放在同等地位上认真地与你交往。

5. 满不在乎

还有一种方式，就是对有意冷落自己的行为持满不在乎的态度，有时也是对付有意冷落行为的一种有力的武器。他之所以冷落你，就是要你形成心理落差，而你偏偏采取不在意的态度，坦然地面对冷落，以热报冷，以有礼对无礼，以"视而不见"来迫使对方改善态度。

例如，一个老太太看不上女儿的男朋友，他每次来，她都不爱搭理，还会说点难听的话。对此，男青年并不计较，假装听不见，照样以笑脸相对，彬彬有礼，该帮干活的时候照样去干，该套近乎套近乎，该送的礼一样不缺，该说的话一句不少。最后，他终于通过自己的言行使未来的岳母转变了态度。

扮猪吃虎，在刚柔之间回旋制胜

原文： 涉世无一段圆活的机趣，便是个木人，处处有碍。

——出自《菜根谭》

释义： 处世如果没有一点灵活的策略，就会成为一个呆板的人，无论做什么事情都会遇到障碍。

鹰者天之雄，虎者地之威，但雄威如此的动物却时常是一副镇定自若的模样，从而使猎物放松了警觉，待时机成熟时，它们就一跃而起，以迅雷不及掩耳之势，将其捕之食之。生活中常见弱者好逞强施威，而强者反倒扮弱的情况。

东晋温峤是西晋名臣温羡之后，因与陶侃联兵平定王敦之乱、重安晋室而名垂青史。

西晋灭亡之后，琅琊王司马睿在建康（今江苏南京）建立东晋，温峤南下过江做了东晋朝廷的官。东晋明帝司马绍即位后，他被拜为侍中。这时，东晋统治集团内部的权力斗争已发展到了白热化的地步，拥有重兵、占据长江上游的王敦十分跋扈，取代东晋的政治野心日益明显。

但是，晋明帝司马绍不是一个懦弱的守成皇帝，而是一个比他父亲晋元帝司马睿更有决断和胆略的铁腕君主。他即位之后，是无论如何不可能容忍王敦染指皇权的，于是他决心取消、乃至最后铲除王氏在政治和军事上的势力。温峤就是在这样的大背景之下，步履维艰地走上东晋政治舞台的。

司马绍在拜温峤为侍中后，即让他参与军政大事，草拟所有重要的诏书公文，并很快将他由侍中擢升为中书令，视其为司马王朝的栋梁之臣。温峤在东晋中央的权势炙手可热，自然引起了王敦的惊恐。于是他请求皇帝将温峤调到他的大将军府任左司马。

温峤无奈，只得到武昌赴任。刚到武昌之初，温峤劝说王敦应以上古有美德的辅臣为榜样，做一个传名后世的气节之臣，但王敦无意于此。至此，温峤断定拥兵自重的王敦必有谋反之心，遂决定改变自己在王敦身边行事的策略，以韬晦之道逃脱危境。

此后，温峤一改初到武昌时的态度，装出一副敬重王敦、愿意肝胆相照的模样。同时，还不时地密呈策划以求得王敦的信赖。这样，温峤便很巧妙地将刚到武昌时劝谕王敦所留下的印象，不动声色地消除了。

除此之外，温峤有意识地结交王敦唯一的亲信钱凤，并经常对钱凤说："钱凤先生才华能力过人，经纶满腹，当世无双。"

温峤在当时一向被人认为有识才看相的本事，钱凤听了这赞扬心里十分受用，和温峤的交情日渐加深，时常在王敦面前说温峤的好话。透过这一层关系，王敦渐渐解除了对温峤的戒心，甚至视其为心腹。

不久，丹阳尹辞官出缺，温峤便对王敦进言："丹阳之地，对京都犹如人之咽喉，必须有才识相当的人去担任才行，如果所用非人，恐怕难以胜任，请你三思而行。"

王敦深以为然，就请他谈自己的意见。温峤诚恳地答道："我认为没有人能比钱凤先生更合适的了。"

温峤假意推荐钱凤，一为避嫌，二也是采取以退为进的招数，好诱使钱凤推荐他。钱凤果然中计，对王敦说派温峤去最适宜。于是王敦上表朝廷，让温峤出任丹阳尹，并嘱咐温峤就近暗察朝廷中的动静，随时报告。

丹阳尹这一"球"，由温峤发出，在三人之间如此踢了一圈，又回到了温峤手中，这正是温峤导演此场"球赛"的目的。但收"球"之后，温峤心里并不踏实。他认为老谋深算的钱凤极有可能随时改变主张，让王敦阻止自己赴任丹阳。因此，温峤要进一步杜绝钱凤可能出现的意见反复。

在王敦为他饯别的宴会上温峤假装吃醉了酒，歪歪倒倒地向在座的同僚敬酒，敬到钱凤时，钱凤还未来得及起身，温峤便以笏（朝板）击打钱凤的束发之巾，不高兴地说：

"你钱凤算什么东西，我好意敬酒你却不敢饮。"

王敦以为温峤真的喝醉了，还为此劝两人不要误会。温峤去时，突然跪地向王敦叩别，眼泪汪汪。出了王敦府门又回去三次，好像十分不舍离去的样子，弄得王敦十分感动。果然，温峤辞别王敦向建康走去后，车行不远，温峤的这一举动突然引起了钱凤的警觉，他赶忙晋见王敦说："温峤为皇上所宠，与朝廷关系密切，何况又是帝舅庾亮的至交，此人绝不可信！"

正如温峤所设想的那样，王敦以为钱凤是因宴会上受了温峤的羞辱而恶意中伤，便生气斥责道："温峤那天是喝醉了，对你是有点过分，但你不能因这点小事就来报复嘛！"

钱凤深自羞惭，怏怏退出。

温峤终于摆脱了王敦的控制，回到了建康。他将王敦图谋叛逆的事报告了明帝，又和大臣庾亮，共同计划征讨王敦。消息传到武昌王敦将军府，王敦勃然大怒："我居然被这小子骗了！"

做人固然需要刚强，但如若一味地刚直不屈，猛攻猛打，就有可能碰钉子，甚至会遭遇不测。人的工作环境，有时候是无法选择的，在危险或尴尬的环境中工作，头脑一定要灵活，遇事该方则方，该圆则圆，尤其是在遇到对己不利的形势时，应将刚直不阿和委曲求全结合起来，先将自己置于有利地位，再伺机反击。

第五章

洞察人心

身体语言透露最真实的想法

原文： 心者貌之根，审心而善恶自见；行者心之表，观行而祸福可知。

——出自《心相篇》

释义： 心地是相貌的根本，审察一个人的心地，就自然而然可以了解他的善恶之性；行为是心性的外在表现，观察一个人的行为，就可以知道他的祸福吉凶了。

生活中经常会出现这样的场景，当我们穿着自认为合体的衣服询问朋友时，他可能嘴上说着"不错，还可以"，但你仔细观察他的表情，可能会发现他在微微皱眉，或者眼神闪烁，或者双手握拳。这些动作其实代表了他的内心在排斥你，他对你的这身打扮并没有什么好感。发生这种情况时，你可以多问几个人，如果大部分人都做出同样的举动，你最好换一身行头，因为大部分人都不喜欢。

这就是口头语言和身体语言不一致的情况。除此之外，生活中经常还会见到这样一类人，他们会当面恭维你，背后诋毁你。也就是说，他们在内心是对你有所不满的，却不当着你的面表现出来。如果你能留意一下，就会发现这些人言不由衷的神情和其他表示排斥的动作。

我们的生活充满了这些矛盾，该相信口头语言还是相信身体语言？答案当然是后者。口语表达是我们通过逻辑思维后才发出的，我们已经对它进行了修改，让它符合我们想要表达的意思，因而并不能反映真实的内心世界。相反，身体语言则是自发的、难以控制的，它所透露的信息才是人内心最真实的想法。

可能有人会说，有些人经过长期的训练，也能控制自己的身体，让它与口头语言保持一致。但事实上，这是相当困难的事情。人的身体语言太过复杂，所包含的细节太多，即便刻意控制了其中的一个细节，也会在另一些细节上泄密。

另外，我们还需要明确一下谎言的界限。有一些行为是我们出于社会礼仪或者其他规则的需要而做出的，虽然它也偏离了人的真实内心，但并不一定是谎言。

探测人的内心深处

原文：白石似玉，奸佞似贤。

——出自《抱朴子·祛惑》

释义：白色的石头看起来和玉十分相似，而邪恶谄媚之徒也常将自己伪装的和贤德之人一样。

通常，人们很难凭一个人的表情或者言谈举止来断定其真实意图，形成这样的局面，首先是由于一般人缺乏辨认身体语言的能力所致，其次判断对象也可能做了掩饰。正如俗话所说："人人都戴上了虚伪的面具。"这面具随着年龄的增长、生活阅历的增多，戴得越来越巧妙，越来越难以被人发觉，这就增加了我们识人的难度。

事实上，虽然有些人想要隐藏自己内心的真实想法，但他也只能在某一次交往中刻意地设计自己的身体语言。如果你平时就仔细观察他的一举一动，就能够探测到他内心深处的真实想法。

春秋末年，晋国的中行文子被迫流亡在外，有一次，经过一座界城时，他的随从提醒他道："主公，这里的官吏是您的老友，为什么不在这里休息一下，等候后面的车子呢？"中行文子答道："不错，从前此人待我很好，我有段时间喜欢音乐，他就送给我一把鸣琴；后来我喜欢佩饰，他又送给我一些玉环。这是投我所好，以求我能够接纳他，而现在我担心他要出卖我去讨好敌人了，所以我很快就离去了。"果然不久，这个官吏就派人扣押了中行文子后面的两辆车子，献给了晋王。

生活中像中行文子这样善识人心的人确实很少，他对人的准确判断来自他平日的积累。同时，这个故事也告诉我们，人再怎么隐藏本性，终究是要露出真面目的。因此，只有经过长期观察，才能了解一个人的本质，发现其原形，辨识其真伪。

观目识人心

原文： 目者，心之符也；言者，行之指也。

——出自《韩诗外传》

释义： 眼睛是心灵的窗户，言语为行为的意向。

孔子曾说过："观其眸子，人焉廋哉？"意思就是说：想要观察一个人，就要从观察他的眼睛开始。因为眼睛是人的心灵之窗，所以，一个人的想法经常会从眼神中流露出来。

一般来说，我们可以通过以下几种方法达到观目识人心的目的：

（1）在人们交谈的过程中，如果对方不时地把目光移向近处，则表示他对你的谈话内容不感兴趣或另有所想，正在计划另一件事情；如果对方的眼睛上下左右不停地转动，无法安定下来，可能是因内心害怕而需要说谎，他们通常都有难言之隐，也许是为了不失去朋友的信任而对某些事情的真相有所隐瞒。

（2）一个人如果和异性视线相遇时故意避开，表示他关切对方或对对方有意；眼睛滴溜溜地转个不停的人，意志力不坚，容易遭人引诱而见异思迁。

（3）眼光流露不屑的人，表达的是敌视或拒绝的意思；眼神冷峻逼人，说明他对人并不信任，心理处于戒备状态。

（4）没有表情的眼神，说明这个人心中愤愤不平或内心有所不满；交谈时对方根本不看你，说明对方对你不感兴趣或是不愿亲近你。

（5）当人情绪低迷、态度消极时，瞳孔就会缩小；而当人情绪高涨、态度积极时，瞳孔就会扩大。此外，据相关资料表明，一个人在极度恐惧或兴奋时，他的瞳孔一般会比正常状态下的瞳孔扩大3倍。几个人在一起打牌，假如其中一人懂得这种信号，一看到对方的瞳孔放大了，就可以确定他已经抓到了一把好牌，怎么玩心里也就有底了。

除此之外，眼睛的神采如何，眼光是否坦荡、端正等，都可以反映出对方的德行、心地、人品、情绪。如果对方的眼睛滴溜溜地乱转，很明显，你必须心存戒备了。一般来说，躲闪对方目光的人，一向缺乏足够的信心，不仅怀有自卑感，而且性格软弱；遇到陌生人，不会主动上前打招呼，即使打招呼也会躲闪别人的眼睛，这样的人一般比较拘谨，在处理问题时缺乏自信，没有什么主见。当然，如果是一对恋人，那样躲闪对方的目光又是另一回事了，那表示紧张或羞涩。

以手势察人心

> **原文**：君子之学也，入乎耳，箸乎心，布乎四体，形乎动静。
>
> ——出自《荀子·劝学》
>
> **释义**：有德行人的学问，听在耳里，记在心中，流露在身体仪态上，表现在行为举止中。

在体态中，手势是很突出的，演讲、教学、谈判、辩论乃至日常交谈都离不开手势，所以行为学家曾形象地比喻说："手势是人的第二张唇舌。"

人们的种种心理都可以通过多种多样的手势体现出来，而且手势往往比语言更能传达说话者的心意。下面，就让我们看看几种常见的手势所体现的心理状态：

1. 双手托腮

以手托腮的动作是一种替代行为，即用自己的手代替母亲或是情人的手，来拥抱自己或安慰自己。在精神抖擞、毫无烦恼的人身上，很少看见这样的行为，人只有在心事重重时，才会托着腮沉浸于自己的思绪中，借此填补心中的空虚与烦恼。倘若一个人平日就习惯以手托腮的话，表示此人经常心不在焉，对现实生活感到不满、空虚，期待新鲜的事物，梦想着在某处找到幸福。

另外，如果你眼前的人，正用手托腮听你说话，就表示他觉得话题很无聊，你的话语无法吸引他。或者他正在思考自己的事，希望你听他说话。而如果你的恋人出现了这样的举动，也许他（她）正厌倦于沉闷的聊天，希望你给他（她）一个热情的拥抱呢！

2. 手势上扬

手势上扬，代表着号召、鼓舞或赞同、满意的意思，有时也用以打招呼。经常有这种举动的人大多性格开朗、豪迈、不拘小节。手势上扬，无形中会给人一种振奋和积极向上的力量。

3. 双手叉腰

孩子与父母争吵、拳击手在更衣室等待开战的锣声、两个吵红了眼的冤家……在上述情形中，经常看到的姿势是双手叉在腰间，这是表示抗议、进攻的一种常见动作。有些观察家把这种举动称之为"一切就绪"，但"挑战"才是其最基本的实际含义。

另外，这种姿势还被认为是成功者所特有的站势，它可使人想象到那些雄心勃勃、不达目的誓不罢休的人。这些人在向自己的奋斗目标进发时，都爱采用这种姿势。一般来说，含有挑战、奋勇向前趋势的男士们常常在女士的面前摆出这种姿势，来表现他们男性好战的性格，以及男子汉形象；但女人如果用这一姿势，则会给人一种母夜叉、河东狮吼的感觉。

4. 十指交叉

有些人在谈话时，常常会将双手在胸前无意识地交叉在一起。最常见的姿势是把交叉着十指的双手放在桌面上，面带微笑地看着对方。这种动作常见于发言人，这个动作出现的时候，交谈双方常常处于一种平和的氛围中。

另外，这种姿势多见于女性群体之中。那么当一个女子摆出这种姿势时，如果我们能够了解其中所代表的意思，就可以适时而动。以下就是各种女性十指交叉所代表的不同含义：喜欢十指交叉的女性表明其曾经在谈恋爱时受过伤害，所以其内心对别人有一种戒备心理。如果一个女子用双肘支撑着交叉双手，或者把下巴放在交叉的双手上面，那就表明她是一个特别有自信的女性，或者说她对自己的魅力相当自信。而把十指相对，将手势摆成尖塔形的女性，则是非常理性的女子，如果她们摆出这种姿势的话，一般表示她只对男子说的话感兴趣，而不是对男子本身感兴趣。

5. 双臂交叉

将双臂交叉抱于胸前，是一种防御性的姿势。这是一种心理上的防卫，也说明主体对眼前人持排斥心态。

这个动作似乎正传达着"我不赞成你的意见""嗯……你所说的我完全不懂""我就是不欣赏你这个人"。因此，当对方将双臂交叉抱于胸前与你谈话时，即使他在不断点头，其实可能对你的意见并不赞同。

也有一些人在思考事情时，习惯将双臂交叉抱于胸前，一般而言，有这种习惯的人基本上是属于防卫心强的类型。他们常常在自己与他人之间设下了一道防线，不习惯对别人敞开心胸，永远和对方保持适当的距离，冷漠地观察着对方。

以非言语线索辨谎言

原文：一曰长目，二曰飞耳，三曰树明。明知千里之外，隐微之中，是谓洞天下奸，莫不谙变更。

——出自《鬼谷子·符言第十二》

释义：人首先要做到的是眼睛要看得远，其次是耳朵要听得远，其三要能明察万物。千里之外，隐约细微之中，都能明察秋毫，这就是所谓的洞察天下。天下的奸邪都会小心翼翼，收起不轨的想法。

在生活中，我们经常能见到谎言的身影，或是从我们自己这里，或是从我们周围人那里。说谎的原因也有多种：有的人是出于习惯，有的人则是迫不得已。这一令人悲哀的事实引出了一个重要问题：我们如何知道别人在撒谎？一般来说，要想识别谎言，多数需要借助非语言线索。当人们撒谎时，他们的面部表情、身体姿势和动作等都会出现微妙的变化。下面，就让我们看看自己所能具有的识破别人谎言的能力吧！

1. 识别谎言的 5 种非言语线索

有心理学家指出，识别他人谎言的一个有效线索是瞬间闪现的面部表情。这种反应会在一个人的情绪被唤起后快速出现而且很难抑制。因此，它们能揭示人的真实感受和情绪。比如，当我们问一个人是否喜欢某样东西时应密切关注他的脸。如果我们看到一个表情（如皱眉）之后紧跟着另一个表情（如微笑），这就是他撒谎的信号——他正在表达一种观点，而实际上他的真实观点则有所隐藏。

揭穿谎言的第二种非言语线索是出现各通道之间表达不一致的情况，即在不同的基本通道之间的非言语线索不一致的情况，产生这种现象是因为说谎的人很难同时控制所有的通道。比如，他说谎时可能控制好了面部表情，但却不能同时控制好他的眼睛。

第三种非言语线索涉及说话时的非言语方面的表现。当人们说谎时，说话的音调通常会升高，并且更加犹豫，还会有很多错误。如果我们在别人说话时看到了这些变化，说明他在撒谎。

第四，谎言经常被眼部变化的某些特征所揭示。撒谎的人会比说实话的人更频繁地眨眼，瞳孔也会变得更大。他们与人目光接触较少或较频繁，因为他们企图通过直视别人的眼睛给人留下诚实的印象。

第五，撒谎的人有时会露出夸张的面部表情。他们可能比平时笑得更多，或出现过分悲伤的表情。例如，某些人对我们提的要求说"不"之后表现出过分的歉意，这正表明他们说"不"的理由可能是假的。

我们平时只要留心观察，并注意积累经验，就可以判断出别人是否在说谎。成功识别谎言并不容易，因为有些人是熟练的说谎者，但是只要仔细注意以上所说的线索，他们就很难蒙蔽我们。

2. 认知因素影响我们识别谎言的效果

以上的论述似乎表明，我们对谎言的侦察越努力，结果就越成功。然而令人惊奇的是，事实并不总是如此。这是因为，当别人企图欺骗我们的时候，我们只能仔细关注他们的话语或者只能关注他们的非言语线索——因为我们的认知能力有限，很难同时关注两者。而且，我们识别谎言的动机越强，越有可能仔细关注他们的话语——仔细地听他们在说些什么。但实际上，揭示谎言的线索大都是非言语的。所以，自相矛盾的是，识别谎言的意愿越强，效果越差。

心理学家曾做过这样的实验：他们让大学生就各种话题（比如死刑、移民限制的问题）发表真实看法或者撒谎——表达相反的观点，并且把他们陈述的过程录像后播放给实验中的另一部分被试者看，要求他们判断录像中的人是否在撒谎。为了了解判断者识别谎言的动机，一半判断者（A组）被告知实验过后要接受有关录像信息的提问，并且被告知问题回答的情况将代表他们的智力和社会技能水平；另一半判断者（B组）被告知实验过后要回答的问题与录像内容无关，并且不告诉他们回答问题的情况是对智力和社会技能的测量。

结果，B组判断者的成绩比A组的成绩更好。心理学家认为，产生这一结果是因为A组的被试者集中注意于录像中人物的谈话内容，而B组的被试者则更多地注意到了非言语线索。

这个实验以及相关的研究表明，人在识别谎言时，过分努力有时反而会收到相反的效果。

相似的人更容易相互喜欢

原文：观其交游，则其贤不肖可察也。

——出自《管子·权修》

释义：看人只要看他交往的朋友，就可以知道他是贤德还是不肖了。

有位心理学家曾做过这样一个实验：要求一些年轻人回忆他们结交的一位最亲密的朋友，并请列举这位朋友与他们自身的相似之处与不同之处。结果，大多数人列举的尽是朋友与他的相似之处，如"我们性格内向、诚实，都喜欢欣赏古典音乐""我们都很开朗、好交际，还常常在一起搞体育活动"等。

另外，有些科学家曾对某大学的学生集体进行了实验，他们先以测验和问卷的形式了解了部分学生的性情、信念、兴趣、爱好和价值观等，然后把这些学生分为志趣相似和相异的两组，然后把一部分志趣相似的学生安排在一个房间，再把另一部分志趣相异的安排在另一房间，然后就不再干扰他们的生活和学习了。过了一段时间，他们再对这些学生进行调查，发现志趣相似的同屋人大都成了朋友，而那些志趣相异的则未能成为朋友。可见，人们都倾向于喜欢那些和自己相似的人。

那么，人为什么会喜欢与自己有相似性情、类似经历的人交往呢？心理学研究发现，当人们与和自己持有相似观点的人交往时，能够得到对方的肯定，增加"自我正确"的安心感。他们之间容易获得对方的支持，很少会受到伤害，比较容易获得安全感。此外，人们会试图通过建立相似的群体，以增强对外界反应的能力，保证反应的正确性。换句话说，人在一个与自己相似的团体中活动，阻力会比较小，活动更容易进行。

交往次数越多，心理距离越近

原文：先淡后浓，先疏后亲，先达后近，交友道也。

——出自《小窗幽记》

释义：先淡薄而后热情，先疏远而后亲近，先结交而后相知，这才是交朋友的正确方法。

有心理学家曾经做过这样一个实验：

在一所中学选取了一个班的学生作为实验对象。他在黑板上的一个不起眼的角落里写下了一些奇怪的英文单词。这个班的学生每天到校时，都会瞥见那些写在黑板角落里的奇怪的英文单词。这些单词显然不是即将要学的课文中的一部分，但它们已作为班级背景的不显眼的一部分被接受了。

班上学生没发现，这些单词以一种有条理的方式变化着——有的单词只出现过一次，而有的却出现了 25 次之多。期末时，这个班上的学生接到了一份问卷，要求对一个单词表的满意度进行评估，列在表中的是曾出现在黑板角落里的所有单词。

统计结果表明：一个单词在黑板上出现得越频繁，它的满意度就越高。

心理学家有关单词的这个实验证明了曝光效应的存在，即某个刺激的重复呈现会增加这个刺激的评估正向性。与"熟悉产生厌恶"的传统观念相反，实验表明：某个事物呈现次数越多，人们越可能喜欢它。

当然，任何事物都是辩证的，不是绝对的，我们应该承认交往的次数和频率对吸引力的作用，但是不能过分夸大其对交往的作用。俗话说："距离产生美"，任何事情都存在着一个度的问题。实际上，交往次数和频率并不一定能给我们带来想要的结果，有时反而会适得其反。

适当地袒露自己的内心，有助于加深亲密度

原文： 交友须带有三分侠气，做人要存一点素心。

——出自《菜根谭》

释义： 与朋友相处时，要有拔刀相助的豪气；为人处世时，应该保持一种天真无邪的孩童之心。

与人交往时，我们常见两类人。一类是善于言谈的，这些人可以饶有兴趣地与你谈论国际时事、体育新闻、家长里短，可是从来不会表明自己的态度。你一旦将话题引入略带私密性的问题时，他就会插科打诨，或是一言以蔽之。对于这样的人，人们往往多有戒备心理，常常被认为是泛泛之交，不会深入。另一类人是不善言辞

之人，虽然他们不太爱讲话，但却总希望能向对方袒露心声，这样的人反而很快能和别人拉近距离。

为什么会出现这样的结果呢？

人之相识，贵在相知；人之相知，贵在知心。要想与别人成为知心朋友，就必须向对方袒露自己的内心，即表露自己的真实感情和真实想法，向别人讲心里话，坦率地陈述自己的观点，推销自己。

也许，你也有过这样的感受：当自己处于明处，对方处于暗处，自己表露情感，对方却讳莫如深，不和你交心时，你会感到不舒服，对这个人也不会产生亲切感和信赖感。而当一个人向你表白内心深处的感受时，你会觉得这个人对自己很信赖，而在无形中你也会和他拉近了距离。

心理学家认为，一个人应该至少让一个重要的他人知道和了解真实的自我。这样的人在心理上是健康的，也是实现自我价值所必需的。所以，在与人交往时，不妨向对方袒露一下自己的内心，吐露一下秘密，这样可能会一下子赢得对方的心，从而赢得一生的友谊。

故意在明显的地方留一点儿瑕疵

原文： 黄金无足色，白璧有微瑕。

——出自《寄兴》

释义： 没有十足的赤金，也没有完全无瑕疵的白玉。

生活中，我们常会见到这样一种现象：看起来各方面都比较完美的人，却往往不太讨人喜欢；而讨人喜欢的，却往往是那些虽然有些优点，但也有一些明显缺点的人。

为什么会这样呢？这是因为，一般人与完美无缺的人交往时，难免会因为自己不如对方而感到自卑。相反，如果发现精明人也和自己一样有缺点，就会减轻自己的自卑，获得安全感，也就更愿意与之交往。你想，谁会愿意和那些容易让自己感到自卑的人交往呢？所以，不太完美的人，更容易让人觉得可亲、可爱。

从另一个角度来看，世界上不可能存在真正完美的人。如果一个人总是表现得很完美，反倒很容易让人怀疑其中有造假的成分。或者说，故意把自己表现得很完美，这本身恐怕就是一个缺点。

所以，一个善于处世的人，常常会故意在明显的地方留一点儿瑕疵，让人认为他"连这么简单的都搞错了"。这样一来，尽管你出人头地、木秀于林，别人也不会对你敬而远之。一旦他发现"原来你也会出错"，反而会缩短他与你之间的距离。

总之，在与人交往时，我们要学会适当地犯一点无伤大雅的小错误，不要在人前显得过于完美，否则盖住了别人的光芒，往往会引起别人的嫉妒。

第六章

迂回藏锋

别让别人看透你

原文：微乎微乎，至于无形；神乎神乎，至于无声，故能为敌之司命。

——出自《孙子兵法·虚实篇》

释义：微妙又微妙，以致于不露形迹；神奇又神奇，以致于无声无息。这样，就能够掌握住敌人的命运了。

做人要懂得用"拟态"和"保护色"，保持点神秘感，让人不敢妄自揣度，也就不敢对你轻举妄动。

西汉名将李广有一次与匈奴骑兵遭遇，匈奴有数以千计的骑兵，而李广却只带了百余人马，一旦和匈奴发生冲突，定会全军覆没。

李广带领的百余名骑兵见到这种形势都很害怕，想马上逃走。李广说："我们距离大部队还有几十里地，如果现在这样逃跑的话，匈奴很容易追上来把我们全部射杀。现在我们停留不动，匈奴一定会以为我们是我方军队派来引诱他们的，所以一定不敢来攻击我们。"

于是李广命令部队继续前进，一直来到距离匈奴的营帐不足二里的地方才停下来。果然，匈奴以为李广是引他们出击的诱饵，遂纷纷撤回山上。

李广又命令部下全都下马，并把马鞍解下。手下的骑士说："匈奴人数众多，距离我们又这么近，如果有什么紧急情况该怎么办呢?"李广说:"匈奴以为我们会逃走,如今我们要解下马鞍向他们表示我们没有逃走之意,以此来使他们坚信我们是大部队派出的诱饵。"这样一来,匈奴的军队果然不敢向他们进攻。

后来,匈奴军中有个骑白马的将领出来巡视他的军队,李广飞身上马,率领手下十几个人冲上前去射死了此人,使匈奴人大为惶恐。匈奴坚持到了半夜,看李广仍无退兵之意,就疑心汉军重兵埋伏在附近,会趁着夜色偷袭他们,便悄然退兵离去了。

真假莫辨,以假乱真,当对手眼中的你已到了如此境界,他又怎么敢轻易进攻你!

眼前利益和长远利益

原文: 十分不耐烦,乃为人大病;一味学吃亏,是处事良方。

——出自《围炉夜话》

释义: 做任何事情不能忍受麻烦,是为人最大的缺点;做任何事情都能够抱着吃亏的态度,是处事最好的方法。

与其说"吃亏"是做人的一种气度,不如说"吃亏"是做事的一种谋略。

在中国传统思想中,有"吃亏是福"一说。这是哲人们所总结出来的一种人生观——它包括了愚笨者的智慧、柔弱者的力量,领略了生命含义的豁达和由吃亏退隐而带来的安稳与宁静。与这种貌似消极的哲学相比,一切所谓积极的哲学都会显得幼稚、不够稳重成熟。

"吃亏是福"的信奉者，同时也一定是一个"和平主义"的信仰者。林语堂在《生活的艺术》中对所谓"和平主义者"这样写道："中国和平主义的根源，就是能忍耐暂时的失败，静待时机，相信在万物的体系中，在大自然动力和反动力的规律运行之上，没有一个人能永远占着便宜，也没有一个人永远做'傻子'。"

大智者，其行为常常貌似是愚蠢的。而且，唯有其"若愚"，才能显其"大智"本色。其中的"若"这个字在这里很重要，也就是"像"的意思，而不是"是"的意义。以下是唐代的寒山与拾得（他们二人实际上是一种开启人的解脱智慧的象征）两个人的对话。

一日，寒山对拾得说："世间谤我、欺我、辱我、笑我、轻我、贱我、恶我、骗我，该如何处之乎？"拾得回答说："只需忍他、让他、由他、避他、耐他、敬他、不要理他，再待几年，你且看他。"

那些高傲的不可一世的人，他们贪婪的结局一定是够尴尬的了，而我们也一定可以想象得出，善于舍得者的胜利微笑——尽管这可能是一种超脱的微笑，不过，它的确会给我们的生活带来一些好处。

"扑满"，就是我们常常说的用瓷或泥做的硬币储蓄盒。在小的候，我们常将父母给的一些零用钱放进去，当这个储蓄盒被装满的时候，我们就会将这储蓄盒打破，而将其中的钱取出来。然而，当它是空着的时候，它却得以保全自身。

所以，如果我们知道福祸常常是并行不悖的，因此，我们应该采取"愚""让""怯""谦"这样的态度来避祸趋福。所以，像"愚""让""怯""谦"这样道气十足的话，即使不是出于孔子之口，也必定是哲人之言，也是中国传统思想中的一部分。"吃亏"往往是指物质上的损失，但是一个人幸福与否，却常常取决于他的心境如何。如果我们用外在的东西，换来了内心上的平和，那无疑是获得了人生的幸福，这便是值得的。

若一个人处处不肯吃亏，处处都想去占便宜，那么必然会出现骄心日盛的情况。

吃亏是福，说的是一种潇洒的生活态度，也是一种做事的方法。

有大智慧的人，应该懂得"吃亏是福"的道理，这对荡涤名利思想、平和浮躁心态大有裨益。当然，"吃亏是福"不是简单的阿Q精神，而是福祸相依的生活辩证法，是一种深刻的人生哲学。

相信"吃亏是福"，可以使自己的心胸变得宽阔，心态更加乐观、积极，而且当自己遇到困难时，也能得到更多人的真心帮助。

会避世，不如会避事

> **原文**：贤者辟世，其次辟地，其次辟色，其次辟言。
>
> ——出自《论语·宪问》
>
> **释义**：贤德的人在政治昏暗的时候就离开官场而归隐；其次，在动乱的时候迁到平安地带；再次，发觉别人的脸色不对，礼貌不周，就避开不再见面；又次，当与人说话不合时就避开不谈了。

世事纷扰，即使图清静不去惹事，事也会来惹你。对那些找上门来的"事"，我们惹不起却躲得起，然而避事也是要讲方法的。

三国时，魏国大将司马懿出身大士族。曹操刚刚掌权的时候，曾经征召司马懿出来做官。那时司马懿嫌曹操出身低微，不愿意应召，但是又不敢得罪曹操，就托词说自己得了风瘫病。曹操怀疑司马懿有意推托，派了一个刺客深夜闯进司马懿的卧室去察看，果然看到司马懿直挺挺地躺在床上。刺客还不相信，拔出佩刀，架在司马懿的身上，装出要劈下去的样子。司马懿只瞪着眼睛望着刺客，身体纹丝不动。刺客这才相信他是真瘫，收起刀向曹操回报去了。

司马懿知道曹操不会就此放过他。过了一段时期，让人传出消息，说风瘫病已经好了。等曹操再一次召他的时候，他就不拒绝了。

司马懿先后在曹操和魏文帝曹丕手下担任了重要职位，到了魏明帝即位时，魏国兵权已基本落在了他手里。后来，魏明帝将死之际，把司马懿和皇族大臣曹爽叫到床边，嘱咐他们共同辅助太子曹芳。

魏明帝死后，太子曹芳即了位，就是魏少帝。司马懿和宗室曹爽同为顾命大臣，一同执政。曹爽对司马懿这个外人不大放心，便以魏少帝的名义擢升司马懿为太傅，实际上是夺去他的兵权。自兵权落到曹爽手里后，司马懿就托病在家休养。

恰在这时，李胜升任青州刺史，前来辞行。曹爽觉得这是个好机会，就让他借出任荆州刺史之机，以向司马懿辞行为由，前去探听虚实。

司马懿料到李胜来访的真实意图，于是作了一番精心安排，李胜来到司马懿的居室，只见司马懿正在两个丫鬟的服侍下更衣，他浑身颤抖，久久穿不上衣服。他又称口渴，待丫鬟捧上粥来，他以口去接，将粥弄翻，流了一身，样子十分狼狈。

李胜看着欣喜，说："听说您风痹旧病复发，没想到病情竟这样严重，我受皇帝恩典，委为青州刺史，今天是特来向您告辞的。"

司马懿故意装作气力不济的样子说："我年老体衰活不了多久，你调任并州，并州临近胡邦，要多加防范，以免给胡人制造进犯的机会啊！恐怕我们再难相见，拜托你今后替我照顾两个儿子司马师和司马昭。"

李胜说："我是出任青州，不是并州啊！"

司马懿说："我精神恍惚，没有听清楚你的话，以你的才能，可以大建一番功业。"

李胜回去后，将所见所闻的详情告诉了曹爽，曹爽听后大喜，从此对司马懿消除了戒心，不加防范。

公元 249 年春节，魏少帝曹芳到城外去祭扫祖先的陵墓，曹爽和他的兄弟、亲信大臣全跟了去。司马懿既然"病"得厉害，当然也没有人请他去。

等曹爽一帮人一出皇城，太傅司马懿的"病"就全好了，他身穿盔甲，抖擞精神，带着他两个儿子司马师、司马昭，率领兵马迅速占领了城门和兵库，并且假传皇太后的诏令，把曹爽的大将军职务撤了。

又过了几天，就有人告发曹爽一伙谋反，司马懿便派人把曹爽一伙人给处死了。这样一来，虽然魏国的政权名义上还是曹氏的，实际上已经转到了司马懿手里。

值得一提的是，既然"避"事，就应一避到底，环环相扣，否则任何小破绽都有可能让人功亏一篑。

任何时候都给自己留条退路

原文：凡事当留馀地，得意不宜再往。

——出自《朱子家训》

释义：无论做什么事，当留有余地；得意以后，就要知足，不应该再进一步。

"不给自己留退路"，这作为破釜沉舟、一往无前的精神体现是无可厚非的，而在现实生活中，往往充满了变数，勇往直前固然可敬，但也可能会因此撞个头破血流，最终走到山穷水尽处。所以爱迪生就曾倡导："如果你希望成功，就以恒心为良友，以经验为参谋，以谨慎为兄弟吧！"

"狡兔三窟"，做事留有余地，给自己保留一条退路，就不至于落个一败涂地的下场。事情做尽做绝，如同话说尽说绝一样，不是伤人就是被别人所伤。当事情做到尽处，力、势全部耗尽，想要改变就难了。

有一位慈祥的师父，把全身之术尽数传给了一个性情暴戾的恶徒，恶徒学艺出师，不思图报，反倒认为留着师父会多出一个竞争对手，他凭着年少力勇跟师父决斗，最后达到了自己的罪恶目的。

与此相反的一个例子是猫与老虎的故事。传说，猫曾做过老虎的老师，教它诸般发威、怒吼、卷尾、剪、扑之技，但猫思虑老虎比自己庞大许多，若日后它欲反扑自己，自己便会处于不利的境地遂保留了一手爬树的技巧。果然老虎不久就翻脸了，欲扑食猫老师，猫老师嗖地蹿上了树顶，剩下老虎抬头张望，无计可施。

由此可见，倘若做师父的留一手，也就是给自己留条退路，也不致身处险境，慈善反为邪恶所害。

人生变故，犹如水流；事盛则衰，物极必反。这是世事变化的基本规律。俗话说："月盈则亏，水满则溢。"凡事留有退路，才可避免走向极端。特别是在权衡进退得失时，我们更要注意适可而止，尽量做到见好就收，防患于未然，牢牢把握住自己日后人生的主导权。

别踩着别人的脚印走

> **原文：**凡人之论，心欲小而志欲大，智欲员而行欲方。
>
> ——出自《淮南子·主术训》
>
> **释义：**为人做事要谨慎，但志向要远大；智谋要圆通灵活，举止要正直不阿。

生活中很多人会告诉你，做事要有恒心、要有韧劲，这没错。但是，很多时候你会因此而固执己见，最终变成了一条道儿走到黑。事实上，坚持一个方向走到底是不太现实的，就像你开车，不可能总是方向不变，而是需要不时地调整方向。有时候，环境变化得太厉害，你就得另辟蹊径，否则你必然会栽跟头。

一个虔诚的信徒向大师请示开悟。大师叫他先建一座庙，信徒马上照办。庙盖好了，大师不满意，叫他拆掉重新盖。信徒照办了。大师仍不满意，叫他再拆掉重盖，信徒毫无怨言地照办了。如此反反复复，信徒盖好了第 20 座庙，大师又要他拆掉，信徒忍不住说："你自己去拆吧！大师！""现在你终于开悟了。"大师说。有一位伟人曾经这样说："在超越某种限度之后，宽容便不再是美德。"

有些时候，之所以常把日子过得一团糟，就是因为我们容忍了太多次的"好"，而不懂得说一声"不"。

曾听朋友讲过这样一个故事。他刚参加工作不久，姑妈来到北京看他。他陪着姑妈在天安门转了转，就到了吃饭的时间。他身上只有 200 元钱，这已是他所能拿出招待姑妈的全部费用了。他很想找个小餐馆随便吃一点，可姑妈却偏偏相中了一家很体面的餐厅。他没办法，只得随她走了进去。俩人坐下来后，姑妈开始点菜，当她征询他意见时，他只能含混地说："随便，随便。"此时，他的心中七上八下，放在衣袋中的手紧紧地抓着那仅有的 200 元钱。这钱显然是不够的，怎么办？

可是姑妈一点也没在意他的不安，她不住口地夸着这桌可口的饭菜，可怜的他却什么味道都没吃出来。这一刻终于来了，彬彬有礼的侍者拿来了账单，径直向他走来，他张开嘴，却什么也没说。

姑妈温和地笑了，她拿过账单，把钱给了侍者，然后盯着他说："孩子，我知道你的感觉，我一直在等你说不，可你为什么不说呢？要知道，有些时候一定要勇敢坚决地把这个字说出来，这才是最好的选择。"

何必像头绵羊一样，处处迎合与迁就他人呢？多做一些利人之事固然是一种美德，但一味地迎合他人，而使自己委曲求全，未免是自虐了。明明内心不愿意，却为了顾及形象或面子死撑着，别人倒是高兴了，那你自己呢？很多时候，适当的拒绝是一种理性，处处说"是"的人，最容易让"是"与愿违。因为你没有足够的精力与能力去让"是"兑现。

此路不通彼路通

原文： 治国无法则乱，守法而弗变则悖。

——出自《吕氏春秋·慎大览·察今》

释义： 治理国家没有法度就会出现混乱，有了法度而不知道变通，就会导致错误。

天生我材必有用。每个人都有他存在的价值，关键是看你能否找到真正适合自己的道路。

王强（化名）在上小学时成绩很差，尤其是数学和外语，人又很顽皮，是个使人感到头痛的少年。王强的家里很有钱，所以他父亲想让他进入最好的高等学府。可是以他的成绩根本无法进入大学，因此不得不去报考差一点的二流学校，可是他竟然也名落孙山。他在家过了两年补习生活，也请过家庭教师，但还是考不上。到了第三年才好不容易考上，而且是最后一名。

很多人认为像王强这样的人，外文与数学成绩不好，又是不良少年，他是不可能成功的。可是，尽管王强的成绩如此差劲，但他在十几年之后，竟成了当地的模范企业家。所以，每个人都有被埋没才能的可能，这种才能有时需要靠别人来发掘，当然最好是能进行自我发掘，并把它充分发挥出来，这才能通往成功之路。

当然，寻找到适合自己的人生之路，并不是一件很容易的事，有时需要经过一番摸爬滚打。作家贾平凹曾深有感触地说："要发现自己并不容易，我花了整整三年的时间啊！"所以成功需要我们充满耐心并不断探索。

如果你有自知之明，就不要一条道走到黑，此路不通彼路通，并善于设计自己的将来，从事你最擅长的工作，你就会获得成功。

正面行不通，不妨侧面出击

原文：高陵勿向，背丘勿逆。

——出自《孙子兵法·军争篇》

释义：敌人处于高地的时候，不要仰攻；敌人背离高地的时候，不要对敌人正面进攻。

作为一种战术，从侧面进攻是行之有效的攻击谋略，特别是在战争中，当自己的力量还不足以与对手抗衡时，运用此策略更为有效，它会打乱对手的阵脚，增加自己胜利的机会，迫使对手屈服。

有位哲人说，做人要像山一样，做事要像水一样。山是挺拔巍峨的，水是流动多变的，这句话告诉我们，做人要有原则，做事要灵活多变。

很多年前，笔者曾听过这样一个故事：曾经有一位禅师对大伙儿说自己法力无边，能将附近的一座大山在某年某月的某一天移到自己的跟前。大家虽都不信，但也想看看这位禅师究竟会怎样做，于是很多人都去看禅师移山。此后每一天，大家看到禅师都对着山凝神运气，口中念念有词道："山过来，山过来，山过来……"

眼看着承诺的时间快到了，大伙儿没看到山有半点前移的迹象，于是一个个的都离开了，很多人都觉得禅师欺骗了自己。此后的每一天，禅师依然努力地喊着，不仅声音更大了，连态度也更虔诚了，但是山仍然没有一丝一毫的移动。

这一天终于来到了，绝大多数人都已经失望地离开了，最后只有一个小伙子依然坚守着，因他相信老禅师一定会给他惊喜的。傍晚时分，禅师突然大叫一声："山不过来，我过去！"，随即迅速向山脚下冲去。

几分钟后，愣在那里的小伙子惊呆了，因为他看到山虽然没有移动，但分明已经在禅师的面前了。

这是一个不可思议的故事，很多年过去了，笔者总会不时地想起它，想起老禅师说的那句话："山不过来，我过去"。笔者总觉得有一种奇异的力量在吸引着自己。如今再细细想想，这个故事确实给了笔者很多启示，最主要的一点就是：做事要灵活多变。老禅师不是神仙，自然知道山不会跑到自己跟前。他这么做其实就是要人们懂得，做事不能太死板，应该灵活多变，达到目的才是最重要的。这一点在我们做事的时候，其实是非常重要的。思维枷锁其实就是一种思维模式，它的最大特点是形式化结构和强大的惯性。当我们面临新情况、新问题而需要开拓创新的时候，它总会让我们做事的思维拘泥于条条框框，它就是一只"拦路虎"。

　　小李大学毕业后，就到了一家公司从事产品推销工作，虽然推销和他所学的专业并不对口，但他对推销工作热情很高，总是想方设法地用心完成任务。到了年底，小李超额完成了任务，被公司评为"先进个人"。公司领导为了鼓励先进，破格将小李从推销员提升为科长。几位同学怎么也想不明白，大家一块进了这家公司，在同一条起跑线上，又从事同一种推销工作，为什么小李会有如此骄人的成绩呢？这其中有什么秘诀呢？

　　后来人们才发现，原来小李推销产品和别人的思维方式不一样，在别人看来小李的方法既愚笨又可笑，可小李不那么认为，他想，循规蹈矩的方法人们习以为常，收效甚微。他要用自己愚笨的方法去打动别人，事实证明小李的做法是成功的，最后好多商家和小李成了长期的合作伙伴。那么小李到底是怎么做的呢？刚开始小李和大家的做法一样，整天拿着一张价目表到处寻找商家，几乎都被好言谢绝了。他不甘心失败，在心里一直苦苦地思索着一个问题：怎样才能打动商家，让他们接纳自己呢？后来，一个想法在他的脑海里出现了，他借了一辆人力三轮车，将自己所推销的产品装在车上，每到一个商家，他就直接将自己的产品往里搬，商家感到莫名其妙，因为没有人订货呀！是不是送错地方了？可小李振振有词：这是我们公司生产的产品，我是做推销工作的，你是否需要我们的产品？有时候商家想拒绝他，可又不忍心看到他搬东西满头大汗的样子，于是，商家或多或少地会要了一点他的产品，时间长了，这位商家就渐渐认可了小李这个人，并决定以后的供货商就他了。之后小李用同样的办法打动了众多的商家，他的产品销量直线上升，最后小李成了他们的供货商。

看似愚笨的方法，往往会被人们所忽视，殊不知这里边包含了许多商机，小李就是一个成功的例子。如果说，他一直循规蹈矩，那么他也只会是一个平庸者，问题的关键是，小李打破了自己的思维枷锁，用另一种方法让别人接受了他，最终使他成功了。当我们被思维定式锁住的时候，我们的思维不可能很灵活，头脑不可能很聪明。要想有创新思维，就要打破思维枷锁。正如法国生物学家贝尔纳所说："妨碍人们创造的最大障碍，并不是未知的东西，而是已知的东西。"

及时调整，抢得先机

原文：圣人从事，必藉于权而务兴于时。

——出自《战国策·齐策》

释义：圣人创造事业，必然借助于权变作凭据并利用时机而兴起。

人如果想做到善于变化，首先要具备机动灵活的素质，擦亮眼睛瞅准时机，不能刻板迟钝，否则机会来了也把握不住。同样，为人处世对形势也要擦亮眼睛，机动灵活找转机，及时调整、把握形势，才能占尽先机。香港著名企业家李嘉诚就是这种能够灵活变通的人。

李嘉诚以长远眼光运筹全局，运用其投资进退战略，在各个领域之间切入切出，游刃有余。在各个经营领域之间平滑转移，使李氏不仅规避了风险，而且还获得了丰厚的利润。

他征战商场半个世纪，其中两次经营战略转移，都使其事业发生了重大突破，实现了跨越式的发展。

第一次战略转移是踏入房地产业。李嘉诚的企业王国，是从塑料花生产起步的。正当香港塑料花行业蒸蒸日上成为世界上最大的生产出口基地时，李嘉诚却看出来这个行业前途有限，于是做出了经营领域战略转移的重大决策，转向了房地产业。此后香港房地产情形高涨，李嘉诚发了大财，跻身香港富豪行列。

1981 年，香港前途问题使港人的信心再度受挫，移民风又起，股价、楼价再次大跌。李嘉诚审时度势，大举投资房地产。在 1984 年中英联合声明草签之前，他宣布投资 40 亿元，兴建大屋村，获得了丰厚的收益。房地产市场上的巨大成功，使李嘉诚一跃成为香港的房地产大王。

20 世纪 90 年代，当香港房地产业处于巅峰时，他又看到了这个行业的隐患。1977 年，在公布长江实业、和记黄埔的业绩时，李嘉诚决定把资金投向电讯基建和服务等领域。这次战略转移，使两大集团得以受益。

战略转移是一项风险大、难度高的战略行动，一步进不好，三步退不止。李嘉诚的战略转移只是战略重心的转移，无论是新经济时代还是旧经济时代，李嘉诚都没有完全放弃，同时，李嘉诚也从不对任何一项业务情有独钟。

总之，世上没有一成不变的生意，做生意是为了赚钱，要想把生意做大，就需要在不同的时期把握不同的商机，而不应死守一种思路创业。做人也一样，要善于变通，明察秋毫，及时调整，才能占得先机。

第七章

果决行事

当办之事要果断决策

原文：君子见几而作，不俟终日。

——出自《周易·系辞传下》

释义：君子看出了征兆就要果断行动，不要整天等待、迟疑。

优柔寡断，会让你丧失很多机会，有时可能会给一个机构甚至一个国家带来灾难。而与优柔寡断相反的就是果敢。果敢是领导者的基本素质之一，决断力是其领导和统驭的根基，是领导者不可或缺的能力。

正确的决断能使社会的各类资源达到最优，从而产生最大的经济效益和社会效益，而我国古代的很多人都是因为做事优柔寡断，丧失了大好前程，其中最典型的就要数项羽了。

秦朝末年，群雄纷争，刘邦和项羽是两支重要的武装力量的领导者。楚怀王命令项羽、刘邦兵分两路进攻秦军。临行时楚怀王与二人约定："先入关者为王。"刘邦乘秦军前线部队被项羽击溃、秦朝内讧之机，捷足先登，进入咸阳，但他自知羽翼未丰，于是驻军灞上，以等待项羽。

一个月后，项羽率40万大军开进关中，驻守鸿门。他见刘邦早到一步，勃然大怒，扬言要灭掉刘邦。刘邦得知后，马上派部下张良把项羽的伯父项伯请来，设宴款待，托他向项羽说情。

第二天，刘邦带着樊哙、张良等100多名部下，亲赴鸿门向项羽致歉。项羽毫无城府，听刘邦一解释，一腔怒气顿时烟消云散，还设宴招待了刘邦。

项羽有个谋士叫范增，他早已看出刘邦的野心，料定刘邦早晚要和项羽争夺天下，多次告诫项羽："此人不除，必留祸患。"他数次怂恿项羽杀了刘邦，但项羽对此一直不以为然。如今，刘邦自己送上门来，范增认为机不可失，时不再来。酒席间，他曾多次暗示项羽动手，项羽始终对他不睬不理。无奈，他只好另想办法。他找来项庄假装舞剑，实则命其伺机刺杀刘邦。谁料，范增的用心被项伯识破，他怕惹出事来，便拔出剑来与项庄对舞，以保护刘邦。这时，酒宴的气氛已到了剑拔弩张的地步，机敏的刘邦见事不妙，当机立断，在张良、樊哙策划下，假装上厕所，趁机逃离了项羽营地，避免了一场灭顶之灾。项羽优柔寡断，错失良机，为自己后来的灭亡埋下了祸根。

"当断不断，必受其乱"就是这个道理。就如下棋一样，一着不慎，满盘皆输。刘邦当机立断，逃离了险地；项羽当断不断，给自己埋下了祸根，最终在垓下自刎，留下了无尽的遗憾。

为什么有些人当断不断呢？有两个原因。其一，事情比较棘手，他们想拖一拖，等方便处理时再着手。殊不知，当办而难办之事，并不会因时间的推移而降低难度，当事人反而会因错过办事时机而使事情变得更难办。其二，利弊得失不是很明确，当事人想在看得更清楚一些时再着手处理。殊不知，世事如同博弈，你看不清时，对方也同样看不清。等到你看清了，对方也看清了，事情的难度非但不会降低，反而会让你连赌一把的机会也失去了。所以，聪明人对当办之事，总是当机立断，绝不会犹豫不决。

事之成败皆在于当时的决断，许多优秀的领导者就是因为他们做事不犹豫，该断则断，摒弃了优柔寡断的不良品质，最终大有成就。

那些优柔寡断的人，请记住德国伟大诗人歌德的这句富有哲理的话："长久地迟疑不决的人，常常找不到最好的答案。"

适度地强迫自己

> **原文**：猛虎之犹豫，不若蜂虿之致螫；骐骥之跼躅，不如驽马之安步。
>
> ——出自《史记·淮阴侯列传》
>
> **释义**：猛虎迟疑不决，不如蝎子一类的毒虫螫一下；千里马徘徊不前，不如劣等马不慌不忙地往前走。

当我们碰到较为困难的工作时，经常会不知道从何处着手，迟迟无法采取任何行动。这时，我们该怎么做呢？

事实上，只管"着手去做"就行了，并且从最简单、最容易下手的部分去做，而不要在乎次序。当简单的部分做完之后，你自然就知道应如何继续攻克较艰难的部分。例如，当你撰写论文或书籍时，就可以先从你最熟悉的部分起笔。

你应该记住这句名言："良好的开端是成功的一半。"其实工作往往不如我们想象的那般棘手，因此，别还没开始就被自己心里的"畏难"逼退了。那么，应如何着手去做呢？这其实是再简单不过的了。

你只要坐在桌子前面，开始做些准备工作，心神渐渐专注后，很快便能进入工作状态。物理学上有所谓的"惯性定律"，也就是"静者恒静，动者恒动"。只要你一动起来，便会产生动者恒动的惯性，此刻，你将惊奇地发现：原来，开始着手去做一件事情时，会令人想一直不停地做下去，直到完成它为止！

为了完成棘手的或令人厌烦的工作，我们有时需要适度地强迫自己。

工作期间，如果你需要先暂离片刻，应设法使工作很容易继续下去。"适度地强迫自己"是驱使我们着手去做的必要方法，但是这也需要一些技巧。

举例来说，有时你下班回家后感到很累，但是为了利用晚上的时间再做点事，你可以先洗个澡以恢复精神，然后让自己坐在电脑前开始工作。否则，你很可能整个晚上什么事情都没有做，而且会一天接着一天，继续懒散下去。

只要你着手去做，你就会发现，其实完成工作并不是一件十分困难的事，养成良好的作息习惯，定点定时地完成每日计划，让"着手去做"成为你生活的固定轨迹。

为了避免畏难情绪，你可以把一个大型的工作分成几个部分，然后逐件去完成。完成这些小任务总比大任务来得容易，你可以在不断完成小任务的过程中获得一种成就感，从而可以使你完成工作的劲头越来越足，士气越来越旺。

同时，把工作细化就是为自己制订了这几天的工作计划，这可以保证自己每天完成一部分，脚踏实地、有条有理地把事情做好。同时也有利于提高工作质量。

人的本性中难免会存在惰性，一旦你放下了手头的工作，想再拿起来就未必那么容易了。

说来有趣，当年冯玉祥将军为保证整块的学习时间，学习时就会关上大门，门外挂上牌子"冯玉祥死了"，拒绝外人打扰，学完后再换上"冯玉祥活了"的牌子。

古人有云："一鼓作气，再而衰，三而竭。"这是很有道理的。我们应该在学习时一气呵成，才不至于出现一次又一次的泄气、到最后只能勉强敷衍过去的情况。

一件事情如果不能被彻底解决，其后续滋生的问题，将会浪费我们更多的时间。就像戒烟，对于一个爱抽烟的人来说将是一件极艰难的事。但是如果他不戒烟，随之而来的如引发疾病、影响他人健康等的种种问题，那会更令人头疼。虽然彻底解决事情可能会耗费相当多的时间，但就长久而言，把时间花在彻底解决问题上，绝对是值得的。

所以，适度强迫自己去完成那些想放弃的工作，是最有效、最接近成功的做法。

抓住关键办好事

原文：善张网者引其纲。

——出自《韩非子·外储说右下》

释义：善于撒网捕鱼的人总是拉着网的主绳撒网的。

关键的问题和问题的关键在某种程度上是具有一致性的，它们都要求我们抓住事物的主要矛盾或者矛盾的主要方面，这些矛盾关乎事情的本质。善于观察和领悟的人往往可以通过事情的一两个关键点控制事情的进展、挖掘事情的实质，确保从根本上把事情办好。

　　任何问题都有一个"能牵一发而动全身"的关键点。它是一切矛盾的汇集处。只要我们找到这个"牵一发动全身"的地方，并解决它，其他的问题就会迎刃而解。

　　要解决问题，首先要对问题进行正确界定，要弄清楚"问题到底是什么"，就等于找准了应该瞄准的"靶子"。否则，我们得到的结果要么是徒劳无功，要么是南辕北辙。

　　打蛇打七寸，凡事抓要害！在念大学时，同室好友过一件事，说他在上中学时，曾请过一位民警到学校讲话，那位民警讲道：做事要抓住"关键"！什么是关键？比如抓小偷，抓住以后怎么办？当时的做法是令其将腰带解下来交给民警，自己提着裤子和警察一起去派出所，这样他就跑不掉了，那么腰带就是"关键"！这句话给我的印象极深。

　　是的，无论每件事情都有一个关键：你要解决什么？也就是这件事的目的是什么？我们每次遇到事情，都会做出直接反应。也就是我们的解决方法！其实不然，我们要透过现象看本质，抓住事情的核心要素。作家尤今有过这样的一次经历：她在当记者时，笔是随身工具，一日不可或缺。有一回，托一位同事买圆珠笔，他再三再四地嘱咐："不要黑色的，记住，我不喜欢黑色，暗暗沉沉，肃肃杀杀。千万不要忘记呀，12 支，全不要黑色。"

　　次日，同事把那一打笔交给他，天哪，令他差点昏过去：12 支，全是黑的。

　　那同事振振有词地反驳：你一再强调黑的，黑的，忙了一天，昏沉沉地走进商场时，脑子中只有印象最深的两个词：12 支，黑色，于是就一心一意地只找黑的买。

　　当时，他如果言简意赅地说："请为我买 12 支笔，全要蓝色。"

相信同事就不会买错了。

从这件小事也可以看出，我们无论在做什么事，都要抓住核心，直切要害，不去兜无谓的圈子。没有累赘，才不会误事。

我们在做事时面临着多种多样的问题，有时还会出现一些预料之外的事情让我们措手不及，置身于纷繁复杂的事务中，有时真的会让人感到眼花缭乱，但这些事情又都与我们有关，必须处理。于是有的人就慌了手脚，对所有问题不分轻重地揽过来，他们只顾不停地做事，却少有梳理头绪的方法，最后不但没处理好事情，还使自己产生了厌倦情绪。而聪明的人不论处于多么复杂的环境中，他都会停下来审视一番，分出轻重缓急，先把那些最重要、最紧急的事情做了，再做那些不重要、不紧急的事情，甚至放弃某些没有意义的事情，这样处理事情，效率自然高了很多，既节省时间又有所成就、有所收获。

这段经历说明了一个十分重要的道理：遇到难题，我们要对问题进行分析，弄清问题的实质，找到问题的关键点，解决"牵一发而动全身"的关键问题。

解决任何事情时，你只要抓住它的本质，从根本上去剖析它、分析它，你就能从容地应对、解决。

按优先顺序做事最轻松

原文：若网在纲，有条而不紊。

——出自《尚书·盘庚上》

释义：好像网结在纲上，才会有条不紊。

我们在工作、生活中，经常是该做的事没去做，把不该做的事乱做一通，根本不知什么是轻重缓急。例如，功课没做完，就去看电视，而看完电视又困了，就想着先睡觉再说，结果导致第二天不但上课迟到了，连作业也交不上来。很多人把自己的工作和生活搞得一团糟，也是由做事不分轻重缓急造成的。

成功人士做事，都会紧紧围绕目标，兼顾重要性与急迫性，排定优先顺序，始终把个人精力放在最重要的事务上。所以他们的工作既有条理又轻松，所达成的效果是那些不问事情大小、眉毛胡子一把抓的人付出 10 倍努力才能达到的。

宓子贱和巫马期都是孔子的学生。宓子贱治理单父时，每天弹琴自娱，不用走下大堂，就能把单父治理得很好。

巫马期治理单父时，每天早出晚归，夜以继日，事必躬亲，单父也被他治理得很好。

巫马期向宓子贱请教轻松治理单父的缘故，宓子贱说："我注重用人，你注重用力。用力者当然辛苦，用人者当然轻松。"

对一个领导者来说，用人当然是头等大事。把人用好了，自己就能轻松了。人没用好，事事都要自己动手，自然就累得多。

在用人方面，我们仍然需要排定优先顺序，哪些人要重点使用？哪些人要重点照顾？哪些人要重点培养？这也要分轻重缓急。否则自己手下有那么多人，随便拉几个人来用，肯定不行。那么，宓子贱是如何排定优先顺序的呢？他的老师孔子曾问过他这个问题："你治理单父，大家都很高兴。请告诉我你是怎么做的！"

宓子贱说："我把他们的父亲看作自己的父亲，把他们的儿子看作自己的儿子，抚恤孤寡，哀怜伤亡。"

孔子说："好！这是小节，底层百姓会归顺你，但是还不够。"

宓子贱又说："被我当作父亲看待的尊者有 3 个，当作兄长看待的贤者有 5 个，当作朋友看待的能者有 11 个。"

孔子说："当作父亲看待的 3 个人，可以用孝道教化百姓了；当作兄长看待的 5 个人，可以用友爱教化百姓了；当作朋友看待的 11 个人，可以用知识教化百姓了。这是中节，中层百姓都会归顺你，但是还不够。"

宓子贱又说："这个地方有 5 个比我贤能的人，我用老师的礼节敬重他们，他们都教给了我治理单父的方法。"

孔子说："成就大功的方法就在这里了！从前，尧帝和舜帝自降身份，谦恭地观察、了解天下，诚心访求贤能的人。推举贤才，是百福的根本、神明的主宰。可惜啊！你治理的只是小小的单父，如果让你治理大国，大概就能继承尧舜的事业了！"

从这个故事中可以看出，宓子贱排定优先顺序的方法是，敬重贤人当先，其次是重用能人，最后是照顾弱者。这三件大事抓好了，工作就没有做不好的。

善抓机遇，事半功倍

原文：君子藏器于身，待时而动，何不利有之？

——出自《周易·系辞下》

释义：君子蕴藏着弘大的才器在身上，等待时机的来临，而有所动，还有什么不利的呢？

在这个时代，一个优秀的时间管理者应该树立3个观念，即时间观念、时效观念和时机观念。

在我们的工作和生活中，到处充满着时机问题。农民春种夏作秋收，不违农时，是时机问题；战场上发起冲锋不能过迟，也不能过早，是时机问题。时机问题，既是时间问题，又是机遇问题。

善于把握时机的管理者明白：要在最适宜的时候办最应该办的事。《周易·艮卦》有："时止则止，时行则行，动静不失其时"之说，说的便是我们在事情时机已过才去办，往往会导致效果不好；事时机未到而过早地去做，效果也不佳。

时机是办事成功的关键因素。杰出人士之所以能够成功，并不仅仅在于他们掌握了多少成功经验，也不仅仅在于他们有多大的胆量，最主要的是他们善于行动，即他们一旦发现机会，便能牢牢抓住。

郑桓公去朝见周朝天子，接受封地，晚上住宿在宋国东部的一家旅店中。一位老人从外面进来，问他："您要到哪里去？"

郑桓公回答："我要到郑地去朝见天子，接受封地。"

老人说："我听说，时机难得而易失，现在您在这里睡得如此安稳，大概不是去求取封地的吧？"

郑桓公醒悟过来，就拿起马缰亲自驾车，他的仆人捧着淘好的米坐上车，狂奔了10天10夜才赶到目的地。他这才知道，原来有人想跟他争郑国的封地。幸亏他及时赶到，否则后果难料。

机会是一种财富。它有改变人生面貌的巨大作用。一个普通人常常会因抓住了机会而改变了命运，从而可以获得长远的发展，有的甚至还从前日的一文不名摇身一变成了今日的亿万富翁，他的生活质量和成就会令旁观者自叹弗如。正是因为机会有如此巨大的作用，一般人在经商或从政失败时，很少承认是因为自己努力不够，他们大都把失败归咎于"时运不济"。

机遇是捉摸不定的，人们总期望机遇能垂青自己。机遇是需要我们去寻找的。找到了机遇就一定能成功吗？当然不是，这得看你有没有利用机遇的能力。只有以勤奋的工作、扎实的功底作为基础，加上外来的机遇，成功之门才会向你敞开。

善于捕捉机遇的人，会减少其一半的奋斗时间。从某种意义上说，机遇往往就发生在几秒钟之内。如果你在这几秒钟抓住了某个机遇，也许你就是抓住了你想要的一切。机不可失，时不再来。对于每个人来说，机会并不是常有的。所以，机会来临时，好好把握吧。当你向机会伸手时，已经跟成功签下了盟约。

行动产生奇迹

> **原文**：如匪行迈谋，是用不得于道。
>
> ——出自《诗经·小雅·小旻》
>
> **释义**：就像谋划要远行，真到路上没效验。

有好多人总是眼睁睁地看着到手的机会跑掉，为什么呢？因为他们不敢行动，怕准备不充分导致失误，怕一脚迈不好，会跌倒。当他准备好一切之后，却又时过境迁，再采取行动已经毫无意义了。

要想取得成功，你不必花太多的时间去思考，你要做的事是迈出第一步，然后一步一步地走下去。

迈出第一步很重要，如果你决心成功，不达目的誓不罢休，那么就要行动起来，迅速进入状态，积累冲劲，背水一战。

刘秀忍是一位台湾姑娘，因生活所迫，她念到小学四年级便辍学了。结婚后，刘秀忍和丈夫合办了一家贸易商行，生意还不错。但她不满足于小本生意，决心干出一番像样的事业来。她听说日本人的钱好赚，便说服丈夫，让她孤身一人去日本创业。

来到日本东京后，刘秀忍才发现事情远不如她想象的那么简单。首先，她人生地不熟，根本不知道该从哪里做起；其次，她语言不通，怎么跟人家谈生意呢？第三，她的资金很少，日本再好赚钱，也得先投资才能赚到钱呀！还有那份远离家乡、远离亲人、无人交流的孤独，更让她难以消受。

刘秀忍的信心开始动摇了，但她想，好不容易下决心跑出来，也不能什么都不干又跑回去呀！好歹先做起来再说，成不成先别管，不试一试就放弃，总难甘心。她设法找到了在日本的台湾同胞，请其帮忙办手续，办起了一家小小的贸易行。她没有聘请员工，公司里里外外全是她一人在忙活。

刘秀忍一边学日语，一边尝试谈生意。也真难为她只有小学四年级的文化水平，居然在短时间内就能用日语进行简单交流了。但生意方面却很不顺利，好几个月了，她一件生意也没有做成。有一次，一家工厂事先答应委托她的贸易行将一批食品罐头销往中美洲。她高兴极了，以为终于守得云开见月明了。谁知到签约时，对方调查到她只是一个新手，没有什么实力，便立即变卦，拒绝签约。刘秀忍大失所望，难受得大哭了一场。

刘秀忍知道，自己既无实力又无知名度，要说服人家跟自己做生意，只能靠耐心。于是她不急不躁，开始一次又一次地跑客户。她每天都是带着希望走出门，又带着失望回家的。丈夫知道她在外面做得很不顺利，写信建议她回去算了。刘秀忍又何尝不想回去跟亲人团聚？但坚忍的个性却促使她下定决心：不努力到十分，决不轻易言弃。她一把眼泪一行字，给丈夫写了一封信，信中说："请放心，我肯定会成功！"

终于有一天，刘秀忍看到了一丝曙光：一位日本商人被刘秀忍百折不挠的韧劲所感动，于是决定把自己做不过来的一笔小生意让给她做。生意虽小，对刘秀忍却是一件大事，她小心翼翼，终于把活干得漂漂亮亮了。这桩生意做下来，好像局面一下子打开了似的，一笔又一笔的生意接踵而至，真应了"水到渠成"这句老话。

刘秀忍将贸易行的生意做顺后，用积累的资金投资了房地产业。后来，她成了拥有3家大公司、7座百货大楼以及多家分公司的大老板。

智者虽有千虑，如果不立即行动，也将一事无成。愚者虽缺少智慧，但只要能在行动中磨炼自己，也终会事业有成。在任何时候，我们都不要忘记提醒自己：立刻行动，首先迈出第一步，切勿坐失良机！

不要局限于前人的经验

原文：彼知颦美，而不知颦之所以美。

——出自《东施效颦》

释义：（东施）知道皱着眉头会很美，却不知道皱眉头为什么看上去很美。

战国时候，齐将田单以火牛阵大败燕军一战名垂后世。唐朝房琯想重演火牛阵，却落下了笑柄。

安史之乱后，唐太子李亨逃出长安，在灵武即位，称肃宗。李亨经过一番努力后，聚集了一些人马，准备反攻，收复长安。

这时房琯便趁机献策，毛遂自荐，要求统帅大军收复京城。李亨以为他是个文武全才，就委任他为两京招讨使。房琯随即号令大军分兵三路，会攻长安。房琯经与亲信幕僚商议后，决定效法古制，以车战对敌。遂将征募来的 2000 辆牛车排列在中间，两翼用骑兵掩护，浩浩荡荡，向长安进发。一路上烟尘滚滚，旌旗蔽日，杀气腾腾，好不威风。

可是，这老牛拉破车的队伍在对敌作战时，能否发挥其功效呢？除房琯及其幕僚对此深信不疑外，其余将领无不摇头叹息。房琯亲自率领中军，并督促北军，进到咸阳北面，便与叛军安守忠的骑兵相遇了。

这时，房琯本想先稳住阵脚，调整一下队形，再出阵迎战，谁知这老牛破车慢慢吞吞，很难调动。这边房琯为调整队形吵吵嚷嚷，越整越乱，急得满头大汗，毫无办法。那边叛军之将安守忠一看对手竟如此用兵，真是喜出望外，忙令部队迅速转移到上风的位置，收集柴草，一面乘风纵火，一面擂鼓呐喊。老黄牛哪里见过这种阵势，一见烈焰腾空，又听战鼓声响如雷，吓得四处乱跑。安守忠乘机追杀，唐军大败。房琯慌忙令南路军投入战斗。那些老牛同样经不起人喊马嘶和震耳欲聋的战鼓声，不战自乱，败下阵来。唐军尸横遍野，死伤 4 万余人。杨希文、刘贵哲投降了叛军，房琯领着几千残败人马向灵武逃去。

他苦思冥想悟出的火牛阵法，就这样被作为笑料录进史册。

前人的经验并不是不能应用，重要的是能否因时制宜，用得合适。

唐朝末年，裘甫起义军在剡（今浙江嵊州市）境三溪（嵊州市西南）设伏，采用的就是西汉名将韩信破齐时的办法。公元 860 年，唐将郑祇德带领大队人马向裘甫起义军进攻。在剡地接战中，裘甫依据敌众我寡的情况，认为不能与唐军死拼硬打，必须以智取胜。便决定利用有利地形仿效韩信破齐时的古法对付唐军。

裘甫让部队埋伏在三溪以南，派人于上游截断三溪的流水，又令少数部队在三溪以北布好阵势，迎击唐军。唐军倚仗人多势众，一见敌军列阵以待，就气势汹汹地猛冲过去。起义军放一阵箭，即向南退去。唐军以为起义军人少怯战，便在后边紧紧追赶。当前军进入起义军的埋伏圈，后军大队人马正在涉水之际，起义军随即在上游扒开了截水堰，霎时滚滚洪流冲将下来，唐军顿时乱作一团。起义军随即伏兵四起，撤退的队伍也立即回军掩杀。唐军走投无路，被起义军全部歼灭。

以上事例可以说明，前人的经验并非一定有用，也并非一定无用。关键在于审度当前时势，根据具体情况采用能够解决问题的方法。前人的这些方法，原本也是根据时势事态随机应对而成的，后人怎么能拘泥于成法而不知变通呢？所以说，法无定法，解决问题的要点是从需要出发，随机应变。

跳起来抓住机会

原文： 得时无怠，时不再来，天予不取，反为之灾。

——出自《国语·越语》

释义： 得到了机遇就不要懈怠，机遇一旦错过，就不会再度重来。老天给予的机会，如果不能利用，反而会遭受惩戒。

　　现代社会竞争激烈，机会是非常宝贵的。因此，一个优秀的人在面对机会时是绝不会放过的。

　　不要认为那些成功者有什么过人之处，如果说他们与常人有什么不同之处，那就是当机会来到他们身边时，他们会立即付诸行动，决不迟疑，这就是他们的成功秘诀。

　　上帝是公平的，他会赐予每个人以相同的机遇。但是有的人成功了，一跃成为商业巨人、上层名流。而有的人终日庸庸碌碌，一事无成。原因就在于有人抓住了机会办成了事，有的人却让机会轻易溜走了。

　　机会是一把双刃剑。如果我们遇到一个发财的机会，处置得宜，我们便会财源滚滚；处理失当，就可能使自己蒙受重大损失。这就是很多人在机会降临时畏缩不前的原因。能否成为大商人，不仅需要能力，也要看你有没有一决胜负的魄力。

　　很多人把自己一事无成的原因归结于没有遇到好的机会。也许确实如此。但没有遇到好机会不等于没有好机会，好机会天天都有，坐在家里是等不来的，还需要我们自己费心去寻找。你有真知灼见，如果只是藏在心里，别人就不会知晓；如果你有盖世才华，却从不显露出来，别人又怎么会重用你？我们只有努力展示自己，才可能获得更好的机会。有时候，我们还需要跳起来，去争取那些看似不属于自己的机会。

　　晋献公时，东郭有个叫祖朝的平民，上书给晋献公说："我是东郭草民祖朝，想跟您商量一下国家大计。"

　　晋献公派使者出来告诉他说："吃肉的人已经商量好了，吃菜根的人就不要操心吧！"

祖朝说："大王难道没有听说过古代大将司马的事吗？他早上朝见君王，因为动身晚了，急忙赶路，驾车人大声吆喝让马快跑，坐在旁边的一位侍卫也大声吆喝让马快跑。驾车人用手肘碰了碰侍卫，不高兴地说：'你为什么多管闲事？你为什么替我吆喝？'侍卫说：'我该吆喝就吆喝，这也是我的事。你当驭手，责任是好好拉住你的缰绳。你现在不好好拉住你的缰绳，万一马突然受惊，乱闯起来，会误伤路上的行人。假如遇到敌人，下车拔剑，浴血杀敌，这是我的事，你难道能扔掉缰绳下来帮助我吗？车的安全也关系到我的安危，我同样很担心，怎么能不吆喝呢？'现在大王说'吃肉的人已经商量好了，吃菜根的人就不要操心吧'，假设吃肉的人在决定大计时一旦失策，像我们这些吃菜根的人，难道能免于肝胆涂地、抛尸荒野吗？国家安全也关系到我的安危，我也同样很担心，我怎能不参与商量国家大计呢？"

晋献公召见祖朝，跟他谈了3天，受益匪浅，于是聘请他做自己的老师。

祖朝不过是一介平民，跟高官厚禄相距遥远，好像没有什么受重用的好机会。但他主动跳起来，跳得高高的，让人看到了他与众不同的才能，他就得到了机会。

很多有才能却抱怨"英雄无用武之地"的人，为什么要待在那里等别人来发现自己、重用自己呢？何不跳起来抓住机会呢？这个道理，就像你有一件珍宝，想卖出去，既然没有人上门求购，就只有自己主动上门推销。在买方卖方之间，必有一方主动。既然别人不主动，自己何不主动一点呢？